신나는 **가루 놀이**

교육활동 프로그램 03

신나는 가루 놀이

서울여자대학교 부속유치원 지음

(주)교 문 사

이 책의 순서

CONTENTS

Ⅲ. 교사를 위한 교육활동안

I

주제를
시작하며

I 주제를 시작하며

1. 주제 선정의 이유

가루는 딱딱한 물체를 보드라울 정도로 잘게 부수거나 갈아서 만든 것으로, 고체의 최소 단위이다. 가루는 우리 생활 속에서 다양한 방식으로 사용되고 있으며, 가루 놀이는 유아들에게 다양한 과학적 경험을 제공한다. 가루 놀이를 통해 유아들이 얻을 수 있는 교육적 가치는 다음과 같다.

첫째, 유아들이 인과관계를 이해하고 직접 구성해 볼 수 있다. 유아들은 스스로 힘을 가해 가루를 만들 수 있으며 가루를 변형시키면서 행동의 결과를 관찰할 수 있다. 또한 물질을 첨가하면서 새로운 물질을 구성하기도 한다. 예를 들어 불기, 붙이기, 섞기, 반죽하기, 첨가하기, 젓기 등 양손을 활용하여 여러 가지 특성의 가루 혼합물을 만드는 과정을 통해 유아들은 다양한 물리·화학적 변화를 경험해 볼 수 있다. 이러한 변화를 경험하면서 유아들은 원인과 결과의 관계를 보다 쉽게 이해할 수 있으며 나의 행동이 결과에 영향을 미치는 요소가 됨을 배울 수 있다.

둘째, 주변 세계에 대한 이해의 폭을 넓힐 수 있다. 생활 속에서 가루가 어떻게 사용되는지를 알고, 가루를 만들 수 있는 다양한 재료들을 찾는 과정을 통해 유아들은 우리가 속한 세계를 보다 구체적으로 살펴보는 기회를 갖게 된다. 가루의 변화를 경험하면서 물질의 상태 변화에 영향을 미치는 요소들에 관심을 갖게 되고 물질의 특성들을 알 수 있다. 또한 가루는 유아들이 놀이과정 중 쉽게 놀이 자료를 변형시킬 수 있고, 종류에 따라서 변형 전의 상태로 되돌릴 수 있기 때문에 보다 쉽게 과학적 기본 개념을 이해할 수 있다.

셋째, 창의적 표현의 기회를 제공한다. 가루는 유아들에게 새로운 매체로서 호기심과 활발한 표현 의욕을 불러일으킨다. 유아들은 가루의 농도에 변화를 줌으로써 물질의 상태를 변화시키는 체험을 할 수 있으며 이 과정에서 오감의 자극을 받는다. 실험을 통해 다양한 가루의 상태 변화를 경험한 유아들은 변화에 영향을 미치는 요소들에 대해서 관심을 가지고 표현매체에 다양한 시도를 해볼 수 있다. 또한 오감으로 가루를 탐색하고 가루를 활용한 표현활동을 통해 색채감과 형태감, 질감, 균형감 등을 발달시킬 수 있다.

가루 놀이를 통해 유아들은 부분과 전체, 분류, 수 세기, 시간 등의 수학적 개념을 익힐 수 있고, 물리적 특성과 변화를 보다 재미있게 배울 수 있다. 또한 가루 탐색을 통해 유아들은 시각, 청각, 후각, 촉각, 미각을 발달시키고 정서적 욕구를 해소할 수 있다. 이처럼 가루의 맛과 냄새, 크기, 모양, 소리 등을 경험하면서 유아들이 오감을 발달시키고 주변 세계를 탐색하는 기회를 갖고자 가루 놀이 주제를 선정하게 되었다.

2. 기본 개념

1) 가루를 만드는 방법

① 가루의 재료는 다양하다.
② 가루는 여러 가지 방법으로 만들어진다.
③ 가루를 만들기 위한 도구로는 맷돌과 믹서, 막자와 사발 등이 있다.

2) 가루의 특성

① 가루는 가장 작은 고체 물질이다.
② 가루마다 독특한 특성이 있다.
③ 가루마다 모양과 색과 맛, 냄새, 촉감이 다르다.
④ 가루를 만드는 방법에 따라 종류가 다양하다.
⑤ 물에 녹는 가루와 녹지 않는 가루가 있다.
⑥ 가루는 조건에 따라 다양하게 변한다.
⑦ 가루는 서로 뭉치기도 하며, 액체나 기체로 변할 수 있다.

3) 가루의 쓰임

가루는 우리의 일상생활에서 다양하게 이용된다.

3. 교육 내용

과 학

- 오감각을 활용하여 가루 탐색하기
  - 돋보기로 가루의 입자 관찰하기
  - 가루의 색, 냄새, 맛 탐색·비교하기
  - 가루와 액체 또는 기체 물질의 특성 비교하기
  - 가루와 다른 질감의 물질 비교하기
  - 다양한 방법으로 가루 만들기
  - 도구(체)를 활용하여 알갱이 분류하기
  - 자석과 철가루로 가루 분류하기
- 가루의 특성 및 변화 실험하기
  - 혼합하기 : 여러 가지 가루 섞어 보기
  - 가루 불기, 혼합물에서 가루 분류하기
  - 가루에 여러 물질 첨가해 보기
  - 가루에 다른 색 입히기
  - 가루를 변화시켜 재구성하기
  - 투명 아크릴 통에 여러 가지 가루를 넣어 블록 만들기
  - 다양한 가루를 넣어 작품의 변화 보기
  - 가루의 상태 및 농도 변화시키기
  - 오트밀과 밀가루 반죽 놀이하기
  - 가루로 만든 국수, 마카로니 탐색하기

이야기 나누기

- 가루에 대한 경험 나누기
- 우리 주변의 가루 찾아보기
- 내가 좋아하는 가루 소개하기
- 내가 만든 가루 이름 짓기
- 내가 발견한 가루의 특성 소개하기
- 가루에 관한 궁금증 이야기하기
- 가루를 만드는 도구와 방법 알아보기
- 가루로 할 수 있는 놀이 찾기
- 내가 만들고 싶은 가루는? 가루로 만든 음식은?

언 어

- 읽기
  - 《설탕과자》, 《떡 만들기》, 《쌀과자 이야기》, 《엘리엇은 요리사》 등 가루와 관련된 책 읽기
  - 가루로 만든 여러 가지 음식 레시피 보기
- 말하기·듣기
  - 여러 가지 가루 소개하기
  - 친구들의 생각 존중하기
  - 가루에 대한 느낌 말하기
  - 가루의 소리 듣고 표현하기
  - 가루로 만들고 싶은 음식 고르기
- 쓰기
  - 가루로 글씨 쓰고 촉감 느끼기
  - 가루로 내 이름 꾸미기
  - 가루 동시 짓기

음률·신체표현

- 새 노래 배우기 : 〈돌과 물〉, 〈가루 만들기〉
- 곡식 마라카스로 리듬 놀이하기
- 신체표현 : 가루가 만들어지기까지, 맛있는 수프와 찌개 만들기
- 음악에 맞추어 섞이는 가루의 모습 창의적으로 표현하기

신나는 가루 놀이

역할·쌓기

- 맑은샘물 약국 놀이 : 여러 가지 가루로 다양한 물약 만들기, 알약과 가루약 놀이하기
- 빵가게 놀이 : 밀가루 반죽으로 여러 가지 형태의 빵 만들기
- 쌓기 : 여러 가지 모양의 투명 아크릴 통에 가루 넣어 블록 만들기, 가루 블록으로 자유구성하기

수·조작

- 작은 북 위에서 가루 움직여 보기
- 같은 촉감 찾기 게임하기
- 요리사 퍼즐 맞추기
- 구슬 숫자 놀이
- 맛있는 우유 만들기 게임하기
- 색 도미노 놀이
- 촉감 맞추기 놀이
- 가루 속 보물 찾기 게임하기

조 형

- 색모래 그림 그리기
- 시리얼 부수어 콜라주 만들기, 설탕 가루 드로잉
- 점토와 먹물로 그리기
- 밀가루로 그리고 만들기
- 전분 물감으로 표현하기
- 파스텔 가루로 그리기
- 쇠라의 점묘화 작품 감상하기, 클림트의 작품 꾸미기
- 여러 가지 곡물 가루로 모자이크 만들기
- 가루 스텐실
- 먹물 마블링 후 가루 묻히기
- 반짝이 가루 이용하여 엽서 만들기

요리·실외놀이

- 오트밀 쿠키 만들기
- 핫케이크 만들기
- 여러 가지 차 만들기, 에이드 믹스 만들기
- 경단 만들기
- 미숫가루 만들기
- 물모래 놀이하기
- 황토팩 만들기
- 여러 가지 자연물 모아 빻아 보기
- 모래 속 보물 찾기
- 가루 불어 날려 보기

4. 환경 구성

1) 쌓기 영역

구 분	내 용
구성 원리	여러 가지 모양과 색, 크기의 블록을 준비하여 유아들이 공간구성력과 분류능력, 형태와 크기 등의 개념을 알고 서로의 상호작용을 통해 사회성을 발달시킬 수 있도록 했다. 특히 유아들이 만든 가루 블록을 함께 배치하여 유아들이 새로운 형태의 블록들을 경험하고 가변성이 있는 구성물을 만들 수 있었다.
활동 자료	• 다양한 블록 : 우레탄 블록, 종이벽돌 블록, 재활용품으로 만든 곡식 블록, 스펀지 블록, 아크릴 가루 블록, 레고 • 광택이 있는 비닐, 천, 물고기 모형, 사람 모형, 배, 잠수함 놀잇감
환경 구성	 

2) 과학 영역

구 분	내 용
구성 원리	과학 영역은 유아들이 직접 만져 보고 들여다 보며, 실험할 수 있는 공간으로 구성하였다. 다양한 가루를 직접 만들어 보고 탐색해 나갈 수 있는 재료와 도구를 준비하였으며 유아들의 건강에 해를 주지 않는 가루를 제공하였다.
활동 자료	• 스포이드, 돋보기, 체, 막자와 사발, 미니 강판, 반죽통, 분무기, 깔때기, 알코올, 저울, 미니 솥, 앞마당에서 수집해 온 자연물, 다양한 종류의 먹을 수 있는 가루 및 허브 가루, 고운 모래, 유아들이 만든 가루들 • 가루 촉감 상자, 가루의 향기 맡기, 밀가루 공 굴리기 교구
환경 구성	

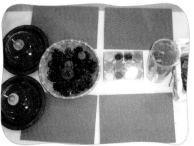

3) 언어 영역

구 분	내 용
구성 원리	언어 영역에서는 여러 가지 언어활동을 할 수 있도록 듣기 영역, 말하기 영역, 읽기 영역, 쓰기 영역으로 세분화하였다. 가루와 관련된 도서를 배치하고, 유아들이 자유롭게 가루의 향과 맛에 대한 어휘들을 익힐 수 있도록 동시와 사포 글자, 자석 그림들을 준비하였다.
활동 자료	• 동화 : 《가루가 좋아요》, 《빵이요》, 《농부 아저씨와 된장 도깨비》, 《설탕과 자》, 《이상한 라면집》, 《엘리엇은 요리사》, 《보글보글 요리 놀이》, 《도넛 이야기》, 《세상에서 제일 맛있는 쿠키》, 《초콜릿 케이크가 된 토마스》 등 가루와 관련된 도서들 • 쓰기 자료 : 동화 속 등장인물에게 그림편지 쓰기 자료(종이, 연필, 색연필, 스티커), 여러 가지 필기구 • 이야기 꾸미기 : 가루 동시 짓기 자료, 가루 궁금증 카드, 자석 칠판, 자석 인형, 손 인형, 자석 글자, 여러 가지 가루 사진 및 그림, 맷돌과 믹서, 막자와 사발, 체 등 가루 만들기 도구 사진
환경 구성	

4) 역할 영역

구분	내용
구성 원리	유아들이 약국과 주스 가게에서 그 동안 흥미롭게 느꼈던 부분들을 구체적으로 재현시킬 수 있도록 다양한 소품들을 준비하였다. 편안한 분위기 속에서 역할 놀이를 진행할 수 있도록 했으며 쌓기 영역과 가깝게 배치하여 유아들이 놀이를 연계해 나갈 수 있도록 하였다.
활동 자료	• 맑은샘물반 약국 놀이 : 약사 가운, 약 서랍, 자연물로 만든 유아들의 약, 약 봉투, 인형 등 • 주스 가게 놀이 : 가게 간판, 의자, 돈, 과일 모형, 그릇, 주스 컵, 물, 주스 가루, 종이컵, 수저, 빨대, 아이스크림 통, 앞치마, 계산기, 비닐, 작은 공 등
환경 구성	  

5) 미술 영역

구 분	내 용
구성 원리	유아들이 창의적 생각들을 다양하게 표현해 볼 수 있도록 기본 자료들과 미술 활동에 필요한 가루들을 미리 준비하였다. 또한 유아의 작품을 전시할 공간을 마련하여 유아들이 친구들과 함께 다양한 작품을 감상해 볼 수 있도록 했으며, 다양한 미술도구들을 경험해 볼 수 있도록 기회를 제공하였다.
활동 자료	• 물풀, 수채화 물감, OHP 필름, 다양한 종류의 화지, 검은색 도화지, 크레파스, 파스텔, 스티로폼, 물통, 붓, 분무기, 마른 걸레, 아크릴 판, 아크릴 물감 등 • 도화지, 싸인펜, 매직, 크레용, 전지, 종이접시, 마카로니 • 종이상자, 아연판, 빈 주사기, 물 조리개 • 물병, 점토, 얼음통, 집게, 자연물 • 다양한 종류의 재활용품, 천, 색종이, 마분지, 흰 종이 등
환경 구성	

환경 구성

6) 조작 영역

구 분	내 용
구성 원리	가루의 특성을 활용한 게임 및 퍼즐을 제공하고 다양한 촉감을 느껴 볼 수 있도록 촉감 놀이터를 만들었다. 조작 놀이를 통해 가루 탐색을 해 나갈 수 있도록 과학 영역에 가깝게 배치했으며 놀잇감을 통해 가루에 대한 사고를 발달시켜 나갈 수 있도록 하였다.
활동 자료	• 수 조작 교구 : 우유 만들기 게임, 같은 촉감 찾기, 요술쟁이 수프 만들기 게임, 숫자 퍼즐 맞추기, 구슬 끼우기, 김장하기, 바느질 놀이 • 촉감 놀이터 : 촉감 벽과 촉감 매트
환경 구성	

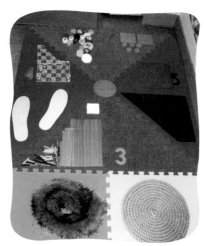

환경 구성

7) 벽면 구성

구 분	내 용
구성 원리	교실의 벽과 게시판을 통해 유아들이 주제 전개과정을 이해하고 즐거웠던 활동들을 회상해 볼 수 있도록 가루 놀이 사진들과 활동 결과물들을 순차적으로 배치했다. 또한 유아들의 생각과 실험 결과들을 함께 게시하여 유아들이 가루에 대한 생각을 더 발달시킬 수 있도록 하였다.
활동 자료	• 가루에 대한 유아들의 생각(주제망) 게시 • 여러 가지 가루로 그린 그림 벽면 게시 • 가루 놀이 약속 내용 게시 • 가루를 활용하여 자유롭게 표현한 작품과 사진 • 다양한 가루 탐색 자료 및 실험 결과 벽면 게시
환경 구성	

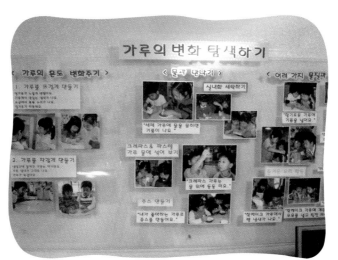

5. 가정과의 협력

모든 주제는 가정과 지역사회의 협력이 효율적으로 이루어질 때 바람직하게 전개될 수 있다. '신나는 가루 놀이'는 일상생활에서 직간접적으로 자주 접하는 가루의 탐색과 변화를 주제로 하기 때문에 가정과의 협력이 중요하다. 가정과의 협력은 자료 모으기, 부모와 함께 책 읽기, 현장학습 함께 가기 등으로 이루어질 수 있다.

자료 모으기는 우리 주변의 다양한 가루들과 가루와 관련된 그림, 가루 만들기 도구 사진 등의 자료를 모아 가져오게 하는 것으로, 교사가 혼자 자료를 모으는 것보다 훨씬 다양한 자료를 수집할 수 있으므로 효과적이다.

부모와 함께 책 읽기는 가루와 관련된 책뿐 아니라 유아들이 좋아하는 우리나라 전래동화나 동요 등을 찾아서 함께 감상해 봄으로써 가루에 대한 전반적인 이해를 도울 수 있다. 또한 가루를 소재로 한 책은 유아들에게 가루의 개념 이해를 돕고 가루에 대한 창의적인 생각을 키울 수 있는 계기가 될 수 있다.

현장학습은 가루들을 직접 경험해 보도록 하는 것으로, 유치원이나 가정에서 하지 못했던 다양한 가루 놀이를 체험할 수 있고 가루의 특성을 이해하는 데 도움이 된다. 특히 유아들이 직접 체험할 수 있도록 구성된 〈가루야 가루야〉 놀이는 유아들에게 좋은 현장학습의 장소가 된다.

이러한 가정과의 협력을 돕기 위한 예들은 다음과 같다.

1) 가정통신문의 예

맑은샘물반 이야기

학부모님 안녕하세요?

　이번 주 맑은샘물반 유아들은 크레파스를 가루로 만들어 그림을 그리고, 열을 가해 크레파스 판화를 찍어 보았습니다. 지난 주에 만들어 보았던 파스텔 가루를 함께 살펴보며 공통점과 차이점을 알아보던 중 유아들의 창의적인 제안으로 즉석에서 두 가루를 물에 넣어 보는 실험도 해 보았습니다. 실험 결과, 파스텔 가루는 물에 섞여 걸쭉하게 된 데 반해 유성 물질인 크레파스는 물 위에 뜨는 것을 관찰할 수 있었습니다.

핫케이크에 구멍이 올라와요.

가루에서 빵 냄새가 나요.

　10일(수)에는 유아들과 함께 앞마당에서 자유롭게 밀가루를 탐색해 보았습니다. 밀가루를 손으로 쥐어 보고, 발자국을 만들었으며 가루를 모아 산을 쌓아 보았습니다. 또한 가루를 입으로 불어 보고, 손가락 사이로 날려 보면서 온몸으로 밀가루의 특성을 탐색해 볼 수 있습니다. 밀가루를 체에 쳐 보고 그릇에 담아 보면서 밀가루의 양, 높이 등과 같은 수학적 개념들을 이해할 수 있었으며, 앞마당의 모래와의 비교를 통해 밀가루의 부드러운 촉감을 느낄 수 있었습니다.

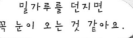
밀가루를 던지면
꼭 눈이 오는 것 같아요.

가루가 부드러워요.

밀가루는 냄새랑 핫케이크 냄새는 달라요.
핫케이크에서 더 맛있는 냄새가 나요.

또한 유아들은 가루를 활용하여 핫케이크를 만들어 보았습니다. 핫케이크 가루를 탐색하고 달걀과 우유를 넣어 반죽을 해 보면서 하얗던 가루가 걸쭉하고 노란 반죽 상태로 변하는 것을 관찰할 수 있었습니다. 불에 의해 단단한 케이크로 변하는 과정을 지켜본 유아들은 완성된 핫케이크를 함께 나누어 먹으면서 가루를 활용해 만들 수 있는 음식에 대해 큰 흥미를 보였습니다. 아울러 같은 가루이지만 냄새로 밀가루와 핫케이크를 구별할 수 있다는 중요한 사실 또한 알게 되었습니다.

한편 설탕 가루에 손을 집어 넣어 보고 자유롭게 그림을 그려 보면서 같은 가루일지라도 조건에 의해 촉감이 다르다는 사실을 알게 되었습니다. 또한 설탕에 그린 선 위에 스포이드로 물을 뿌려 가루의 변화과정을 살폈으며, 물에 녹은 설탕이 손에 더 잘 묻어 보다 단맛을 강하게 느껴 보기도 했습니다.

다음 주에는 유아들과 천연 곡물 가루들에 대해 알아보고, 가루에 여러 가지 물질을 첨가시켜 가루의 변화를 탐색해 볼 계획입니다. 아울러 이러한 과정 속에서 유아들이 갖게 된 가루에 대해 갖고 있는 궁금증을 모아 다양한 실험활동들을 진행해 보고자 합니다.

설탕에 물이 묻어서 꿀이 되었어요.
설탕에 길이 생겼어요.
진흙처럼 변했어요.
더 달콤하고 말랑말랑해요.
물이 안 묻은 설탕이 더 까칠까칠해요.

2) 온라인 활동을 위한 협조사항

구 분	내 용
국립중앙박물관 어린이박물관	• 홈페이지 : http://www.museum.go.kr • 다양한 전통 유물들을 오감으로 체험할 수 있는 있는 기회 제공
삼성어린이박물관	• 홈페이지 : http://www.samsungkids.org • 탐구와 표현이라는 주제 아래 다양한 놀이와 전시를 제공하는 특별교육 프로그램
풀무원김치박물관	• 홈페이지 : http://www.kimchimuseum.co.kr • 김치의 재료 및 과정, 김치 속에 숨겨진 과학을 알기 쉽게 소개
국립서울과학관	• 홈페이지 : http://www.ssm.go.kr • 과학교육 프로그램 안내, 자연사, 발명품 경진대회, 노벨상 소개
떡마루	• 홈페이지 : http://www.ddukjip.com • 떡, 떡 재료, 떡 만들기 과정 소개
떡 만드는 사람들	• 홈페이지 : http://www.cafe.daum.net/ttuck • 여러 가지 떡의 종류 및 만들기 과정 안내
가루로 된 물질	• 홈페이지 : http://www.topianet.co.kr • 주변의 가루 물질 및 특성 소개
녹차명가	• 홈페이지 : http://www.teamate.co.kr • 가루녹차, 쑥차, 국화차 등의 제조과정 안내
죽 이야기	• 홈페이지 : http://www.jukstory.co.kr • 쉽게 만들 수 있는 죽의 재료 및 과정 소개

3) 현장학습을 위한 협조사항

구 분	내 용
이영란의 밀가루 체험 놀이	• 전화번호 : 02-721-7655 • 밀가루를 활용한 놀이를 통해 오감을 발달시키는 체험학습 놀이
알록달록 빛깔 체험전	• 전화번호 : 02-541-4101 • 색깔을 오감으로 탐색하고 체험을 통해 색에 대한 경험을 발달시키는 체험 놀이

숲 속 놀이터	• 전화번호 : 02-3455-9271 • 유아들이 순수한 자연과의 원초적인 체험을 통해 무언가를 찾아내고 상상한 대로 실현시켜 나가는 체험 놀이터
숲 속 놀이창고	• 전화번호 : 02-516-1501 • 자연과의 교감을 통해 유아들의 상상력과 사고력을 발달시킬 수 있는 놀이 체험 공간
평동 전통 떡마을	• 전화번호 : 042-231-6099 • 가족별 떡 만들기 체험 가능

그 밖에 정미소, 쌀가게, 방앗간, 떡집, 대형 마트, 농업박물관 그리고 떡박물관 등은 유아들이 먹을 수 있는 가루들을 탐색해 볼 수 있는 좋은 공간이다.

4) 활동 자료를 위한 협조사항

• 유아들이 보다 다양한 가루를 탐색할 수 있도록 각 가정에 있는 먹을 수 있는 가루들을 유아 편에 보내 주시기 바랍니다.
• 10월 10일(수)에는 유아들과 실외에서 가루 놀이를 할 계획입니다. 유아들의 옷에 가루가 묻을 수 있으니, 여벌 옷을 준비해 주시길 바라며, 가루 놀이 주제가 진행되는 동안 유아들이 활동하기 편하고 가루가 묻어도 괜찮은 옷을 입혀 주시길 바랍니다.
• 유아들과 함께 세제 가루를 탐색해 보면서 직접 실내화를 세탁해 볼 계획입니다. 편안한 복장으로 등원시켜 주시고 유아들이 직접 사용할 청소용 칫솔을 준비해 주시기 바랍니다.

6. 활동 전개의 예

가루 탐색하기

가루에 대한 사전지식 알아보기

- 가루에 대한 유아들의 생각 모으기, 주제망 그리기
- 도구를 활용하여 다양한 가루 만들어 보기

가루의 특성 찾기

- 가루는 작고 가벼워요.
  - 밀가루 자유탐색하기
  - 여러 가지 가루 관찰 · 비교하기
  - 가루 모자이크 만들기
  - 여러 가지 가루에 공 굴리기
- 부드러운 가루와 거친 가루가 있어요.
  - 촉감 놀이터 및 가루 촉감 상자 탐색하기
  - 파스텔 가루와 크레파스 가루, 설탕으로 그림 그리기
- 가루는 변해요.
  - 요리활동을 통해 가루의 변화 경험하기
  - 핫케이크와 경단 만들기

가루 변화시키기

가루의 변화에 대한 생각 나누기

- 가루의 상태 변화에 대해 이야기 나누기
- 가루의 변화 원인 예측하기
- 가루를 변화시킬 방법 및 내용 정하기

가루에 물 섞어 보기

- 가루의 변화 예측하기
- 밀가루 점토 만들기
- 물을 만난 세제 가루의 변화 살펴보기
- 전분 물감 만들기, 소금 그림 그리기
- 가루의 변화 관찰하기

↓

가루에 다양한 물질 섞어 보기

- 가루의 변화 예측하기
- 비누 만들기, 바나나 팩 만들기
- 가루 구분하는 방법 알아보기

↓

가루 놀이하기

가루 놀이 계획하기

- 가루를 활용하여 할 수 있는 놀이에 관한 의견 나누기
- 놀이에 필요한 준비물 알아보기
- 장소 및 공간 나누기

↓

여러 가지 가루로 블록 만들기

- 투명 아크릴 통에 다양한 가루 넣어 보기
- 깔때기를 활용하여 가루를 넣고 블록 완성하기
- 블록을 흔들어 가루의 변화 살펴보기
- 가루 블록을 활용하여 쌓기 놀이하기

↓

주스 가게 및 동극 준비하기

- 초대장 만들기
- 주스 가게 메뉴판 및 간판 만들기
- 동극 의상 및 소품 준비하기
- 동극에 사용할 음악 정하기
- 주스 가게 및 동극의 역할 나누기, 연습하기

동극 공연 및 맑은샘물반 주스 가게 열기

- 형님반 초대하기
- 좌석 및 행사 안내하기
- 〈토마스가 준 선물〉 동극 공연하기
- 주스 함께 마시기

Ⅱ

주제 전개과정

Ⅱ 주제 전개과정

1. 가루 탐색하기

1) 가루에 대한 사전지식 알아보기

(1) 가루에 대한 유아들의 생각 모으기

가루는 최소단위의 고체 물질로서, 우리 주변의 작은 먼지에서부터 여러 가지 식재료까지 우리 생활에 많은 영향을 미치고 있다. 본격적으로 유아들과 가루 탐색에 들어가기 전에 유아들이 가지고 있는 가루에 대한 경험을 나누었다. 그리고 유아들이 생활 주변에 쓰이는 여러 가지 가루들을 찾아보고, 모으는 활동을 통해 가루와의 만남이 시작되었다. 유아들은 약, 세제, 커피, 차, 밀가루 등 자신이 경험한 여러 가지 가루를 소개했으며, 가루를 크게 먹을 수 있는 가루와 그렇지 않은 가루로 분류했다. 그리고 가루의 재료가 될 수 있는 물질과 어떻게 하면 가루를 만들 수 있을지에 대해서도 이야기를 나누어 보았다.

유아 1 : 밀가루, 소금, 딸기 가루, 과자 가루, 빵가루, 초코 가루, 라면 수프, 코코아, 녹차, 미숫
　　　　가루, 설탕, 고춧가루, 후추 같은 가루는 먹을 수 있어요!

유아 2 : 가루로 부침개, 찌개, 케이크, 전, 수프 등 여러 가지 음식을 만들 수 있어요.

유아 3 : 세제, 모래, 모래폭풍, 장난감 속에 들어 있는 가루처럼 못 먹는 가루도 있어요.

교사 : 무엇으로 가루를 만들 수 있을까?

유아 1 : 고추로 가루를 만들어요.

유아 2 : 초콜릿으로 가루를 만들 수 있어요!

유아 3 : 딸기로도 가루를 만들어요. 우유에 타 먹었어요.

유아 4 : 빵도 가루가 있어요. 또 파, 멸치, 과자 가루랑 양파 같은 채소 가루도 있어요.

유아 2 : 초코 가루는 우유에 넣어야 맛있어요.

유아 1 : 가루약은 써서 싫어요. 그래도 나는 잘 먹어요.

유아 3 : 엄마가 빨래할 때 가루를 넣어요. 그 가루에서 빨래 냄새도 나요.

교사 : 그래. 우리 주변에는 참 다양한 가루들이 있구나. 그런데 ○○가 이야기했던 것처럼 가
　　　 루의 냄새를 맡아본 적 있니?

유아 1, 2, 3, 4 : 네.

유아 3 : 이상한 냄새가 나는 가루도 있어요.

유아 2 : 모르는 가루는 먹으면 안 돼요.

유아 1 : 고춧가루는 정말 매워요.

　　가루에 대한 첫 이야기 나누기를 통해 유아들이 생각보다 다양한 종류의 가루에 대해 알고 있다는 것을 알 수 있었다. 가루마다 고유한 색과 냄새, 맛을 가지고 있다는 사실을 알아보기 위해 유아들에게 가장 친숙한 가루인 조미료에 대한 이야기를 더 나누었다.

교사 : 우리가 맛을 볼 수 있는 가루에 대해 더 알아보자. 엄마가 음식을 만들 때 어떤 가루를
　　　 넣었는지 본 친구 있니?

유아 1 : 김치찌개를 만들 때 김치랑 빨간 고춧가루를 넣었어요.

유아 2 : 수프를 만들 때 하얀 가루도 넣었어요.

유아 3 : 엄마가 동생한테 우유를 줄 때도 물에 우유 가루를 넣어요.

유아 4 : 엄마가 좋아하는 커피를 만들 때 커피랑 설탕이 필요해요. 설탕은 많이 넣으면 아주
　　　 달아요. 단 것을 많이 먹으면 치과에 가야 해요.

교사 : 그렇구나. 음식을 만들 때 넣는 가루가 참 많네. 그럼 가루들의 맛과 색에 대해서 더 알
　　　　아볼까? 국을 만들 때 넣는 소금의 맛을 본 적 있니?

유아 2 : 소금은 아주 짜요. 그래서 소금만 먹으면 안 돼요.

유아 1 : 고춧가루는 정말 매워요. 빨간색인데 코카 아파요.

유아 4 : 설탕은 맛있는데….

유아 3 : 설탕은 흰색하고 노란색도 있어요.

유아 2 : 소금은 흰색이에요. 수저로 이렇게 뜨는 거예요.

교사 : 그래. 자, 너희들이 방금 이야기한 소금, 설탕, 고춧가루를 선생님이 이렇게 준비해 보았
　　　　어. 집에서 본 것과 같니?

유아 1, 2, 3, 4 : 네!

유아 4 : 그런데 설탕이 달라요.

교사 : 그래. 방금 전에 ○○가 이야기한 것처럼 선생님도 노란 설탕을 준비했어. 너희들이 소
　　　　금과 설탕을 혼동할까봐 이렇게 준비했단다.

대표적 조미료인 소금, 설탕, 고춧가루를 탐색한 후 유아들과 주제망을 함께
그 려 보았다. 가루를 크게 먹을 수 있는 가루와 먹지 못하는 가루로 나누었고,
먹을 수 있는 가루는 맛, 향, 색 등으로 보다 다양하게 구분될 수 있다는 사실을
직간접적으로 추측해 볼 수 있었다.

2) 도구를 활용하여 가루 만들기

(1) 믹서로 콩가루 만들기

교사 : 어떻게 하면 가루를 만들 수 있을까? 고추를 어떻게 해야 고춧가루가 될까?

유아 1 : 우리 엄마가 토마토 주스 만들 때처럼 갈면 되요.

유아 2 : 맞아요. 어떤 통에 넣으면 금방 가루가 되요.

교사 : 그래요. 자, 선생님이 여기 가루를 만들 수 있는 도구들을 준비해 왔어. 한번 살펴볼까?

유아들과 함께 가루를 만들기 위해 필요한 도구에 대해 알아보았다. 맷돌과
믹서, 막자와 사발 등 유아들은 다양한 가루 만들기 도구를 알아보았고 직접 믹

서로 가루를 만들어 보았다. 소수의 유아들이 믹서에 대해 알고 있었으나 왜 믹서 안에서 물체가 작게 부서지는지에 대해서는 알지 못했다. 그래서 유아들과 함께 믹서 안을 탐색하며 날카로운 칼날에 의해 가루가 만들어진다는 사실을 함께 알아보았으며, 믹서의 옛 모습인 맷돌도 탐색해 보았다. 유아들은 믹서의 소리와 진동에 큰 흥미를 보였으며 물에 불린 콩이 믹서 속에서 어떻게 변하는지 살펴보았다. 믹서의 재료함이 투명하기 때문에 유아들은 잘게 부서진 콩의 모습을 살펴볼 수 있었으며, 콩이 잘게 부서지면서 물과 같은 액체가 생긴 것을 관찰할 수 있었다. 또 부서진 콩을 계속 갈면 점점 하얗게 되면서 작은 가루 물질이 생긴다는 사실도 함께 알 수 있었다.

믹서를 사용해 여러 가지 가루 만들기

유아 1 : 선생님, 콩이 아주 작아졌어요.

유아 2 : 믹서 속에 물이 많아요.

유아 1 : 큰 콩이 없어졌어요.

유아 3 : 원래 콩은 갈색이었는데 믹서에 넣으니까 하얗게 변했어요.

유아 2 : 물컹물컹해요.

유아 1 : 콩이 더 많아졌어요.

유아 2 : 콩 냄새가 나요.

유아 3 : 갈색 콩이 하얗게 변했어요.

교사 : 그래. 너희들이 본 것처럼 원래 콩이 믹서 속에서 가루가 되면서 이렇게 콩 속의 색깔이
     보인 거야. 여기의 물은 콩 속에 있던 물이란다.

유아 2 : 선생님, 우리는 물 안 넣었는데요?

교사 : 맞아. 그런데 선생님이 믹서에 넣기 전에 콩을 물속에 잠깐 넣었었거든. 게다가 콩 속에
     는 조금씩 물이 들어 있기 때문에 이렇게 가루가 되면서 콩 속의 물이 나오게 된 거란다.

유아 1 : 아, 그럼 가루를 만들면 다 물이 나와요?

교사 : 글쎄, 선생님 생각에는 가루마다 차이가 있을 것 같아. 그럼 우리 다른 방법으로 가루를
     또 만들어 볼까?

(2) 막자와 사발을 활용하여 밀가루 만들기

유아들은 실제 통밀을 사발에 넣고 막자로 잘게 부수어 보았다. 물론 실제 밀가
루처럼 희고 고운 밀가루를 만들지는 못했지만, 점차 작은 알갱이로 변하는 밀
의 모습을 볼 수 있었다. 유아들은 가루를 만들기 위해서는 가루보다 알갱이가
더 큰 전 단계의 물질이 있음을 알게 되었다.

교사 : 부순 밀가루를 한번 살펴보자. 통밀이 어떻게 변했니?

유아 1 : 통밀이 작게 변했어요.

유아 2 : 세게 두드리면 밀이 튀어요.

유아 3 : 손으로 만지면 거칠어요.

교사 : 그럼 이번에는 시중에서 살 수 있는 밀가루를 함께 살펴보자. 두 가루가 어떻게 다르니?

유아 1 : 색깔이 달라요. 내가 부순 건 노란색이에요.

유아 3 : 밀가루는 부드러워요.

유아 2 : 밀가루는 이렇게 두드려도 똑같아요. 그런데 통밀은 계속 두드릴수록 더 작게 변해요.

유아 4 : 밀가루랑 비슷한 냄새가 나는 것 같아요.

교사 : 그렇구나. 실제 공장에서는 큰 기계로 밀을 갈 뿐 아니라 다른 물질도 함께 넣어 밀가루를 만들기 때문에 희고 고운 밀가루가 만들어지는 거란다. 하지만 너희가 만든 것도 분명 밀가루야. 밀가루를 만들려면 무엇이 필요한지 알겠니?

유아 1 : 네. 이 통이 있어야 해요.

유아 2 : 큰 밀이 있어야 해요.

유아 3 : 두꺼운 막대기인 막자도 필요해요.

(3) 체를 활용하여 파스텔 가루와 크레파스 가루 만들기

유아들은 미술 영역에 있는 파스텔과 크레파스를 가루로 만들어 보기로 했다. 그래서 큰 체를 활용하여 가루를 만들었다. 유아들의 가루 만들기에 사용된 체는 비교적 큰 크기로 소근육 발달을 하고 있는 유아들이 팔을 편리하게 움직일 수 있도록 했으며 파스텔과 크레파스를 갈아 보면서 유아들은 체의 또 다른 기능에 대해서도 알 수 있었다.

교사 : 이 체를 본 적 있니?

유아 1 : 네! 모래 놀이할 때 필요해요.

유아 2 : 맛있는 케이크를 만들 때 있어야 해요.

유아 3 : 우리 엄마가 멸치국물을 만들 때 체가 필요해요.

유아 1 : 쿠키 만들 때에도 필요해요.

유아 2 : 엄마랑 빵 만들 때 썼어요.

교사 : 그래. 이 체의 구멍 아래로 알갱이가 작은 물이나 모래가 빠져 나간단다. 그런데 오늘은 이렇게 체를 거꾸로 해서 파스텔과 크레파스를 가루로 만들어 볼 거야. 한번 해 볼까?

유아 1, 2, 3 : 네!

파스텔과 크레파스를 가루로 만드는 유아들

유아들은 체를 활용하여 파스텔과 크레파스를 가루로 만들었다. 가루를 만들기 위해서는 도구와 힘이 필요하며, 힘을 많이 가할수록 만들어지는 가루는 많지만, 파스텔과 크레파스의 크기가 빨리 줄어든다는 사실도 함께 알 수 있었다. 유아들이 만든 두 가루는 색깔별로 모아 과학 영역과 미술 영역에서 관찰해 보기로 했다.

3) 가루의 특성 찾기

(1) 가루는 작고 가벼워요

① 밀가루 자유탐색 놀이하기

가루가 매우 가볍다는 사실은 앞마당에서 함께한 밀가루 놀이와 가루 던지기 놀이를 통해 알게 되었다. 먼저 앞마당에서 밀가루를 자유롭게 탐색하는 시간을 가졌다. 밀가루는 유아들에게 친숙한 가루임과 동시에 부드러운 질감을 가지고 있기 때문에 유아들의 촉감발달 및 정서순화에 도움이 되리라 보았다.

밀가루는 부드러워요!
밀가루에서 맛있는 냄새가 나요.
앞마당이 하얗게 변했어요.
밀가루를 던지면 눈이 오는 것 같아요.
밀가루에 꼬불꼬불한 기찻길을
만들 수 있어요.

유아들은 밀가루를 손으로 쥐어 보고, 발자국을 만들었으며 가루를 모아 산을 쌓기도 했다. 또한 가루를 불어 보고, 손가락 사이로 날려 보면서 온몸으로 밀가루의 특성을 탐색했다. 놀이 중간에 체나 그릇 등을 제공해 유아들이 밀가루 놀이를 확장시켜 볼 수 있도록 했고, 덕분에 초반에 다소 소극적이었던 유아들까지 신나게 밀가루 놀이에 참여하게 되었다. 유아들은 밀가루를 체로 쳐 보았고 그릇에 밀가루를 듬뿍 담아 만든 음식을 선물해 주기도 하면서 친구들과 함께 병행 놀이를 해 나갔다.

또한 가루를 체에 쳐 보고 그릇에 담아 보면서 밀가루의 양, 높이 등과 같은 수학적 개념들을 경험해 보았으며, 앞마당에 있는 모래와 비교하면서 밀가루의 부드러운 촉감을 느껴 볼 수 있었다. 놀이가 끝난 뒤에는 온몸이 밀가루 범벅이 되었지만, 자유롭게 가루를 탐색해 보는 과정에서 정서적인 만족감과 함께 오감으로 가루를 느껴 볼 수 있었다. 아울러 가루에 대한 호기심을 증폭시켜 유아들이 가루에 대한 생각을 보다 확장시켜 나갈 수 있는 기회가 되었다.

밀가루 놀이에 적극적으로 참여하는 유아들

교사 : 밀가루를 불어 보니 어떠니?

유아 1 : 입으로 후 불면 밀가루가 날아가요.

유아 2 : 눈처럼 쏟아져요.

교사 : 가루가 왜 날아가고 눈처럼 쏟아질까?

유아 3 : 가루는 부스러기라서요.

유아 4 : 가루는 아주 작으니까요.

밀가루를 불거나 던져 보는 유아들

　　밀가루 놀이를 마친 유아들은 밀가루 외에도 세제 가루, 녹차 가루, 작은 모래와 돌멩이, 멸치 가루, 카레 가루 등을 공기 중에 뿌려 보면서 가루가 날리는 모습을 서로 비교해 보았다.

　　유아들은 밀가루 놀이와 여러 가지 가루 뿌려 보기를 통해 미세한 가루들의 특성에 대해 알게 되었고, 가루의 작고 가벼움이 바로 가루 날림의 원인이 된다는 사실도 조금씩 이해하기 시작했다.

유아 1 : 가루는 '후!' 하고 불 수 있어요.

유아 2 : 가루를 하늘에 뿌리면 눈처럼 떨어져요.

유아 3 : 손에 아무것도 없는 것 같아요.

교사 : 왜 그럴까? 이번에는 돌멩이를 한번 떨어뜨려 보자. 가루를 떨어뜨릴 때와 어떻게 다르니?

유아 1 : 가루가 옷이나 머리에 묻었을 때는 이렇게 털 수 있어요. 그런데 돌멩이는 옷에 묻지 않아요.

유아 3 : 돌멩이는 땅에 빨리 떨어져요.

유아 2 : 가루는 눈 같아요.

교사 : 맞아. 그 이유가 뭘까? 우리가 한번 가루랑 돌멩이를 들어 보자.

유아 3 : 돌멩이가 더 크고 무거워요.

유아 1 : 가루는 이렇게 가벼워요.

교사 : 그래. 바로 크기와 무게가 다르기 때문에 던졌을 때 다른 결과가 나오는 것이란다. 너희들 말처럼 가루는 가볍기 때문에 눈처럼 바람에 날릴 수 있는 거야.

유아 2 : 선생님 모래바람도 있어요.

유아 3 : 모랫바람이 불면 집에 있어야 해요.

교사 : 그래. ○○가 이야기하는 것을 바로 황사라고 하는데 모래가 들어 있는 바람이지. 그래서 그 바람을 우리가 마시면 모래와 그 속에 있는 몸에 해로운 물질이 우리 몸속에 들어가기 때문에 황사가 부는 날에는 밖에 안 나가는 것이 건강에 좋단다.

유아 1 : 그럼 작은 모래가 바람 속에 있는 거예요?

교사 : 그렇단다. 모래뿐 아니라 미세한 먼지가 바람 속에 들어 있기도 하지.

유아 2 : 콩은 바람 따라 못 가.

유아 3 : 하지만 작은 가루가 되면 될 수도 있어.

② 여러 가지 가루 관찰하고 모자이크 만들기

가루의 가장 큰 특성은 바로 알갱이의 크기이다. 콩을 비롯한 곡물류와 비교해 보면서 가루가 얼마나 작은 알갱이인지 보다 쉽게 이해할 수 있었다. 아직 만 3세 유아들이기 때문에 가루마다의 크기를 비교하는 것보다는 다른 고체 물질과의 비교를 통해 가루의 기본적 특성을 알 수 있도록 했다. 유아들은 손에 여러 가지 알갱이를 올려 놓고 돋보기를 사용해 서로의 크기를 비교해 보았다. 유아들은 가루의 양을 조절해 나가면서 가루의 알갱이가 매우 작다는 사실을 알 수 있었다. 그리고 이러한 곡물류와 다양한 가루를 활용하여 모자이크를 만들어 보았다. 유아들은 종이 접시에 그림을 그린 후 가루들을 붙여 모자이크를 완성했다.

다양한 가루로 모자이크를 만드는 유아들

유아 1 : 가루들이 모여서 재미있는 그림이 되었어요.

유아 2 : 자갈과 모래가 있어서 바다 그림 같아요.

유아 3 : 콩은 풀이 많이 필요하지만 초코 가루는 잘 붙어요.

교사 : 왜 초코 가루가 더 잘 붙을까?

유아 3 : 풀에 물이 있으니까요. 초코가 더 잘 붙어요.

유아 1 : 콩이 더 크니까 풀이 많이 필요한 거예요.

유아 2 : 가루들을 접시 위에 그냥 뿌려도 이렇게 묻어요.

교사 : 그렇구나. 가루의 알갱이는 매우 작기 때문에 풀 없이도 접시에 묻을 수 있는 거란다.

유아 1 : 가루 위에 나뭇잎을 붙이니까 가루가 춤을 추는 것 같아요.

유아 2 : 울퉁불퉁한 그림이 되었어요. 손으로 만지면 재미있어요.

유아 3 : 가루로 얼굴을 만들고 커피로 눈을 만들면 사람이 되요.

유아 1 : 빨간색이 필요하면 고춧가루를 붙여요.

유아들은 그림에 알맞은 가루들을 골라 붙이면서 여러 가루들로 색을 칠할 수 있다는 사실에 큰 흥미를 보였다. 색연필이나 물감으로만 그림을 그리는 것이 아니라 가루를 모아 색을 내고 다양한 형태를 만들어 낼 수 있음을 알게 된 것이다. 모자이크 만들기 활동을 통해 가루의 종류와 무게에 따른 다양한 작품들을 감상해 볼 수 있었으며 알갱이들의 크기를 보다 쉽게 비교해 볼 수 있었다.

③ 여러 가지 가루에 공 굴리기
유아들은 여러 가지 가루가 뿌려진 비닐 위에 접착제를 묻힌 하얀 스펀지 공을 굴려 보았다. 비닐을 들어 마음대로 공을 굴려 본 유아들은 하얗던 스펀지 공이 점차 색깔이 있는 공으로 변해 가는 과정을 관찰하면서 보다 다양한 가루를 묻히기 위해 열심히 공을 굴렸다.

유아 1 : 내가 좋아하는 가루들을 골고루 섞어요.
유아 2 : 가루들이 섞여서 색이 변해요.
유아 3 : 가루 냄새가 달라졌어요.
유아 4 : 가루가 알록달록해요.

가루에 공 굴리기

유아 1 : 공이 지나가면 가루 길이 생겨요!

유아 2 : 여러 가지 가루들이 공에 묻어 알록달록한 공이 되었어요.

유아 3 : 선생님, 가루 위에 또 가루가 묻어요.

교사 : 그렇구나. 공이 어떻게 변했니?

유아 4 : 공이 주황색이었다가 다시 빨간색으로 변했어요.

교사 : 가루들이 왜 이렇게 잘 붙을까?

유아 1 : 가루들이 아주 많아서요.

유아 2 : 공에 풀이 묻어 있으니까요.

유아 3 : 가루들은 작으니까 서로 붙어요.

교사 : 그래. 너희들 말처럼 접착제 때문에 공에 가루가 묻는 것인데 가루들이 워낙 작은 알갱
이라서 서로 더 잘 섞이는 거란다.

유아 4 : 선생님, 공을 이렇게 돌려서 보면 가루들이 잘 보여요.

유아들은 가루가 공에 붙는 것을 재미있어 했으며 보다 많은 가루들을 묻히려
고 열심히 공을 굴렸다. 유아들은 자신이 만든 가루 공을 자랑스럽게 소개하였
으며, 공들을 붙여 작품을 만들었다. 이 활동을 통해 유아들은 가루의 작은 알갱
이를 보다 구체적으로 탐색할 수 있었으며 가루들이 지니고 있는 독특한 색과
향도 경험해 볼 수 있었다.

(2) 부드러운 가루와 거친 가루가 있어요

① 촉감 놀이터 및 촉감 상자 탐색하기

밀가루 놀이를 통해 가루의 부드러움을 알게 된 유아들이 보다 다양한 감각에

통 안의 촉감을 느껴 보는 유아들

대해 알 수 있도록 가루 촉감 상자를 만들었다. 상자 속에 여러 가지 가루들을 담아 구멍 속에 손을 넣어 어떤 가루인지 알아맞혀 보는 놀이를 진행했으며, 유아들이 다양한 가루의 촉감을 느껴 볼 수 있도록 했다.

또한 가루들의 미세한 촉감 차이를 보다 구체적으로 느껴 볼 수 있도록 교실 한쪽 영역을 촉감 놀이터로 만들고 유아들이 다양한 촉감을 느껴 볼 수 있도록 했다. 촉감 놀이터는 촉감 매트와 촉감 벽으로 이루어졌으며 손으로 벽에 있는 다양한 사물을 만져 보기도 하고 사방치기를 하면서도 발로도 촉감을 느껴 볼 수 있도록 만든 것이다. 촉감 판과 매트에는 다양한 촉감을 느낄 수 있는 물체들이 붙어 있어 유아들이 흥미를 가지고 촉감 놀이를 진행해 나갔으며 시간이 흐르면서 비슷한 촉감을 찾아 보기 놀이도 함께 이루어졌다. 촉감 놀이터가 생긴 이후 유아들은 가루 촉감 상자에 더 큰 관심을 보였으며 가루 속 물질을 바꾸어 알아맞히는 놀이를 진행하기도 했다.

놀이를 통해 다양한 촉감을 느껴 보는 유아들

유아 1 : 가루 속에 손을 넣으면 좋아요.

유아 2 : 쌀은 까끌까끌해요.

유아 3 : 콩도 숨어 있는데 부드러워요.

유아 1 : 커피콩이랑 노란 콩이랑 섞으면 여기에서 커피 냄새가 나요.

유아 3 : 밀가루랑 자갈은 빨리 알 수 있어요.

유아 4 : 털을 밟으면 부드러워요.

유아 2 : 이 돌은 까끌까끌해요.

유아 1 : 구둣솔은 우리 집에도 있는데 계속 만지면 손이 따가워요.

유아 4 : 사방치기 판에 숫자 대신 여러 가지 그림이 생겼어요.

유아 3 : 손과 발로 이렇게 모두 만질 수도 있어요.

유아 2 : (판을 가리키며) 여기가 제일 부드러워서 좋아요.

유아 1 : 사방치기를 하면 울퉁불퉁 판을 밟을 수 있어요.

유아 3 : 이렇게 하면 간지러워요.

촉감 놀이를 해 나가면서 유아들은 언어적으로도 촉감에 관한 다양한 용어들을 배울 수 있었으며 말로는 표현하지 않더라도 다양한 촉감을 몸으로 느껴 보고 비교해 볼 수 있었다.

② 파스텔 가루와 크레파스 가루로 그림 그리기

유아들은 촉감이 다른 파스텔 가루와 크레파스 가루로 조형활동을 해 나가면서 부드러운 가루 외에도 거친 느낌의 가루가 있다는 사실을 새롭게 배울 수 있었다.

먼저 유아들은 미리 만들어 놓은 파스텔 가루와 크레파스 가루를 활용하여 자유롭게 그림을 그리고, 열을 가해 크레파스 판화도 찍어 보았다. 유아들은 두 가루를 비교하면서 파스텔 가루는 손에 의해 잘 움직이는 데 반해 크레파스 가루는 한번 종이에 붙으면 쉽게 움직이지 않는다는 사실을 알게 되었다. 또한 겉으로 보기에는 비슷한 가루인 것 같지만 촉감과 질감에서 두 가루가 큰 차이를 보인다는 사실 또한 알 수 있었다.

파스텔 가루와 크레파스 가루로 그림을 그리는 유아들

유아 1 : 파스텔 가루가 훨씬 부드러워요.

유아 2 : 크레파스 가루의 색이 더 진해요.

유아 1 : 파스텔 가루는 손으로 살짝 문지르면 그림이 변해요.

유아 2 : 크레파스 가루로 만든 그림으로 판화를 찍을 수 있어요.

유아 3 : 파스텔 가루랑 크레파스 가루로 함께 그림을 그릴 수도 있어요.

③ 설탕 드로잉 및 각설탕 쌓기

한편 자주 사용하는 설탕을 쟁반에 넓게 담고 손가락으로 그림을 그려 보면서 거친 가루도 있으며 가루의 촉감이 매우 다양하다는 사실을 다시 한번 알 수 있었다.

설탕으로 그림 그리기

유아 1 : 손가락으로 설탕에 그림을 그려요!
유아 2 : 까끌까끌하지만 조금 있으면 부드러워요.
유아 3 : 손가락이 쑥 들어가요.
유아 4 : 설탕에 길이 생겼어요.

또한 유아들은 각설탕을 직접 쌓아 보고 원판에 굴려 설탕 가루와 함께 굴려 보기도 했다. 작은 가루들이 모여 사각형 형태를 이루고 있는 각설탕을 탐색한 유아들은 각설탕을 세워 표현하고자 하는 것을 쌓아 보면서 가루설탕과 각설탕을 비교해 볼 수 있었다. 또한 원판을 굴려 각설탕이 가루설탕에 비해 천천히 움직인다는 사실도 알게 되었다.

교사 : 각설탕을 본 적 있니?
유아 1 : 네. 엄마가 커피에 넣는 것을 보았어요.
교사 : 각설탕은 어떻게 만드는 걸까?
유아 2 : 설탕들이 서로 꼭꼭 안고 있어요.
유아 3 : 가루들이 네모 모양의 설탕으로 변했어요.
유아 4 : 설탕들 중에서 제일 커요.
교사 : 그렇구나. 그럼 각설탕으로 어떤 그림을 그릴 수 있을까?
유아 1 : 이렇게 만들 수 있어요.
유아 2 : 한 개씩 쌓으면 멋진 하트도 만들 수 있어요.
유아 3 : 울퉁불퉁한 멋진 그림을 그렸어요.
교사 : 그럼, 설탕 가루에 손을 넣어 그림을 그렸을 때와 각설탕을 활용해 그림을 그렸을 때 느
       낌이 어떻게 다르니?
유아 1 : 설탕은 모래 같아요.
유아 2 : 손을 집어 넣으면 쑥 들어가요.
유아 3 : 각설탕 그림은 손을 넣을 수 없어요.
유아 4 : 각설탕은 하나씩 세워서 그림을 만들 수 있어요.
유아 1 : 각설탕은 데굴데굴 굴러갈 수 있어요.

(3) 가루는 변해요

① 요리활동을 통해 가루의 변화 경험하기

핫케이크와 경단 만들기를 통해 유아들은 자연스럽게 가루의 변화를 경험하게 되었다.

유아들은 가루를 활용하여 핫케이크를 만들어 보았다. 핫케이크 가루를 탐색하고 달걀과 우유를 넣어 반죽을 해 보면서 하얗던 가루가 걸쭉하고 노란 반죽

핫케이크를 만들어요

> 가루에 물, 달걀을 섞으면 맛있는
> 음식을 만들 수 있어요.
> 물컹물컹한 반죽을 불에 구우면
> 단단해져요.

> 핫케이크 가루에서 빵 냄새가 나요.
> 핫케이크 가루에 달걀과 우유를
> 넣고 힘껏 저어요.
> 달걀 때문에 노랗게 변해요.

상태로 변하는 것을 관찰해 볼 수 있었다. 유아들은 핫케이크 가루 색의 변화가 달걀 때문임을 많이 알고 있었다. 아직 숫자를 모르기 때문에 유아들은 몇 그램인지 정확히 알지 못했지만 직접 우유와 밀가루를 저울에 올려 놓았으며 바늘이 움직이는 것을 눈으로 확인할 수 있었다. 거품기를 활용하여 밀가루와 달걀, 우유를 섞어 보면서 유아들은 가루들이 사라졌다고 이야기하기도 했으며 우유가 가루를 모두 삼켜 버렸다고 표현하기도 했다.

이 활동을 통해 유아들은 열에 의해 물컹물컹했던 반죽이 단단한 케이크로 변하는 과정을 지켜 보았으며, 우리가 가루를 활용해 만들 수 있는 음식들에 대해 큰 흥미를 보였다. 아울러 같은 가루이지만 냄새로 밀가루와 핫케이크를 구별할 수 있다는 중요한 사실 또한 알게 되었다.

경단을 만들어요

찹쌀 가루에 물을 넣어 반죽해요.
반죽이 맛있는 떡으로 변했어요.
경단이 올라와요.
노란색 옥수수 가루로 옷을 만들었어요.

또한 유아들은 찹쌀 가루에 물을 넣어 경단을 만들어 보았다. 찹쌀 가루에 따뜻한 물을 넣어 반죽을 하면서 유아들은 가루가 물과 만나 점차 단단하게 굳어지는 특성을 알았고, 손으로 동그랗게 빚어 경단을 만든 유아들은 밀가루 반죽의 질감과 변화성을 알 수 있었다. 끓는 물에 넣었던 반죽이 익으면서 냄비 위쪽으로 동동 뜨는 모습을 본 유아들은 신기해했으며 미리 부수어 카스텔라 가루로 경단옷을 입혀 보았다.

카스텔라 가루 외에 딸기, 초코 가루 등 여러 가루옷을 입은 경단을 서로 맛있게 나누어 먹으면서 색과 맛을 비교해 보았다. 경단 만들기를 통해 유아들은 찹쌀 가루를 뭉쳐 하나의 덩어리인 떡을 만들어 봄과 동시에 큰 카스텔라를 부수어 작은 빵가루를 만들어 보는 경험을 해 보았다. 반대적인 두 경험을 통해 유아들은 가루의 특성을 보다 구체적으로 이해할 수 있었으며 가루의 변화에 더 큰 관심을 갖게 되었다.

교사 : 끓는 물 속에서 반죽이 어떻게 변했니?

유아 1 : 경단이 올라와요.

유아 2 : 동글동글한 경단이 익으면 물 위쪽으로 올라와요.

유아 3 : 반죽이 맛있는 떡으로 변했어요.

교사 : 왜 경단이 냄비 속에서 올라왔을까?

유아 1 : 냄비 바닥이 너무 뜨거워서 떡들이 움직인 거예요.

유아 2 : 모두 떡으로 다 변해서 빨리 먹으라고 위로 올라오는 것 같아요.

유아 3 : 냄비 속에 가라앉으면 잘 먹을 수가 없으니까요.

유아 4 : 나는 노란색 빵가루에 떡을 찍어 먹을래요.

교사 : 찹쌀 가루를 손으로 반죽으로 해서 이렇게 하나의 떡으로 뭉쳐 보기도 하고 또 빵을 잘
게 부수어 가루로 만들어 보았는데 어떤 것이 더 만들기 쉬웠니?

유아 1 : 빵가루 만들기요!

유아 2 : 쌀가루 반죽하기가 더 쉬웠어요.

유아 3 : 둘 다 재미있어요.

2. 가루 변화시키기

1) 가루의 변화에 대한 생각 나누기

다양한 가루들을 탐색해 나가면서 가루의 변화에 대해 관심을 갖게 된 유아들은
여러 가지 물질을 첨가해 가루를 변화시켜 보기로 했다.

교사 : 핫케이크를 만들 때 가루가 결국 어떻게 변했니?

유아 1 : 노란 케이크가 되었어요.

유아 2 : 가루가 점점 단단해졌어요.

교사 : 왜 그렇게 되었을까?

유아 3 : 가루에 달걀이 들어가서요.

유아 4 : 불에 오랫동안 있으니까 단단해져요.

교사 : 우리가 핫케이크 가루에 무엇을 넣었었지?

유아 1 : 식용유랑 달걀이요.

유아 2 : 우유도 조금 넣었어요.

교사 : 그렇구나. 그럼 만일에 반죽을 불에 굽지 않고 가만히 둔다면 어떻게 되었을까?

유아 3 : 핫케이크를 먹을 수 없어요.

유아 4 : 단단해지지 않고 계속 물컹물컹해요.

유아 2 : 반죽은 먹으면 안 돼요. 배가 아플 것 같아요.

교사 : 그래. 너희들이 이야기한 대로 가루에 무언가를 넣거나 열을 가하면 가루가 점점 변하는
　　　 것 같아. 그럼 어떻게 하면 가루를 변화시킬 수 있을까?

유아 1 : 물을 넣어요.

유아 2 : 식용유를 넣어요.

유아 3 : 가루에 달걀을 또 넣어요.

유아 4 : 가루를 뜨겁게 만들어요.

유아 1 : 가루를 냉장고에 넣어요.

유아 2 : 가루에 딸기를 넣어요. 과일을 넣으면 변할 것 같아요.

　유아들의 생각을 바탕으로 본격적으로 가루 변화시키기가 시작되었다. 가루
를 변화시키기는 여러 가지 물질을 가루에 혼합시켰을 때의 결과를 예측하고 직
접 실험을 통해 결과를 알아보는 방식으로 진행되었다.

2) 가루에 물 섞기

(1) 밀가루 점토 만들기

교사 : 밀가루에 물을 묻히면 어떻게 될까?

유아 1 : 물속에 가루들이 들어가요.

유아 2 : 밀가루가 점점 죽처럼 변할 것 같아요.

유아 3 : 밀가루가 단단해져요.

교사 : 그럼 직접 밀가루에 물을 섞어 보자.

밀가루 점토를 만드는 유아들

요리활동 및 놀이를 통해 밀가루에 친숙해진 유아들은 물, 소금, 식용유와 식용 색소를 함께 섞어 색 밀가루 점토를 만들었다. 비록 만든 양은 적었지만 유아들은 점차 자신의 반죽이 굳어지면서 단단한 덩어리로 변하는 과정을 무척 뿌듯해했으며 완성된 색 밀가루 점토를 활용하여 자유롭게 나뭇가지를 꾸며 보았다.

교사 : 밀가루로 만든 점토는 어떤 느낌이니?
유아 1 : 부드러워요.
유아 2 : 더 단단해요.
유아 3 : 밀가루 점토가 더 말랑말랑해요.
유아 4 : 밀가루 점토는 손으로 만들어서 따뜻해요.
교사 : 밀가루 점토의 색깔은 어떠니?
유아 1 : 밀가루 점토는 색깔이 많아요. 그냥 점토는 흙색이에요.
유아 2 : 밀가루 점토에는 색깔이 있어서 도넛을 만들 수도 있어요.

유아 3 : 나는 알록달록한 곤충을 만들 거예요.

교사 : 그렇구나. 우리가 자주 사용하는 점토는 그럼 무엇으로 만들었을까?

유아 1 : ….

유아 2 : 검은색 가루요.

유아 3 : 밀가루는 흰색인데….

유아 4 : 모래로 만들어요.

교사 : 비슷해. 바로 흙을 활용해서 이렇게 점토가 만들어진 거란다. 그런데 밀가루 점토끼리
　　　 섞어 볼 수도 있을까?

유아 1 : 네. 점토들이 서로 뭉치면 재미있는 색이 나와요.

유아 2 : 나는 색깔이 변하는 벌레를 만들 거야.

유아 3 : 이렇게 점토를 붙이면 눈, 코, 입도 만들 수 있어요.

　미리 작품을 전시할 나뭇가지를 보여 주었기 때문인지 유아들은 밀가루 점토
로 곤충들과 다양한 먹이들을 많이 만들었으며 일반 점토와 밀가루 점토를 직접
비교해 보았다.

(2) 물을 만난 세제 가루의 변화 살펴보기

유아들은 세제 가루에 물을 묻혀 유아들과 실내화의 먼지를 닦아 보았다. 세제
가루의 색과 냄새를 맡아 본 유아들은 집에서 나는 빨래 혹은 세탁기 냄새라고
이야기를 하면서 절대 먹지 않기로 약속을 정했다.

교사 : 세제 가루를 본 적 있니?

유아 1 : 집에서 빨래할 때 보았어요.

유아 2 : 세탁기에 이 가루들을 넣어요.

유아 3 : 우리 집에도 세제가 있어요.

교사 : 세제 가루는 어떤 특성을 가지고 있니?

유아 1 : 세제 가루에서 향기로운 냄새가 나요.

유아 2 : 색깔은 밀가루랑 비슷해요.

유아 3 : 흰색 속에 파란색이 숨어 있어요.

유아 4 : 이 가루로는 음식을 만들 수 없어요.

교사 : 세제를 한번 만져 보자.

유아 1 : 부드러워요.

유아 2 : 밀가루보다는 까끌까끌해요.

교사 : 만약 세제를 먹으면 어떻게 될까?

유아 3 : 배가 아파요.

유아 4 : 입속에 거품이 가득해요.

교사 : 그래. 아마 세제는 우리 몸에 해롭기 때문에 병원에 가야 할지도 몰라. 그러니까 절대 세
제를 먹지 않고, 세제를 만진 손도 입에 넣지 말기로 하자. 약속을 지킬 수 있겠지?

유아 1, 2, 3, 4 : 네!

 세제 가루로 실내화를 빨아요

세제 가루에 물을 묻히면
거품이 나요.

실내화가 깨끗해요.

세제 가루에서 빨래 냄새가 나요.

물을 많이 묻히면
거품이 많아져요.

준비된 청소용 칫솔에 가루를 묻혀 실내화에 문질렀고 물을 만난 세제에서 점점 거품이 일어나는 것을 볼 수 있었다. 유아들은 실내화가 점점 깨끗해지는 것을 관찰하며 세제 가루의 역할을 보다 분명하게 알게 되었다. 비록 실내화의 겉 부분만 닦았지만 유아들은 스스로 실내화를 빨았다는 자부심도 함께 느낄 수 있었다.

교사 : 실내화를 직접 세탁해 보니 어떠니?

유아 1 : 좋아요.

유아 2 : 재미있어요.

유아 3 : 실내화 앞이 깨끗해져서 기분이 참 좋아요.

교사 : 그렇구나. 그런데 세제와 다른 흰 가루들을 어떻게 구분할 수 있을까?

유아 1 : 세제는 냄새로 알 수 있어요. 빨래 냄새가 나서 참 좋아요.

교사 : 우리 주변에 거품이 나는 가루는 또 무엇이 있을까?

유아 2 : 머리 감을 때 쓰는 샴푸!

유아 1 : 세수할 때 비누에서도 거품이 나요.

유아 3 : 자동차 세차장에서도 거품이 많아요.

교사 : 그래. 생각보다 우리 주변에서 세제가 쓰이는 곳이 참 많구나. 그럼 이번에는 다른 가루를 물에 묻혀 보자.

(3) 전분 물감 만들기

유아들은 감자 전분에도 물을 묻혀 보았다. 먼저 물을 넣어 반죽했던 다른 가루들에 대해 이야기를 나누었고, 전분 역시 어떻게 변할지에 대해 예측한 후 물을 만난 전분을 살펴보았다.

유아 1 : 전분 가루가 달걀물이 된 것 같아요.

유아 2 : 우유처럼 변했어요.

유아 3 : (물에 가라앉은 전분을 만져 보고) 말랑말랑해요.

유아 4 : 가루가 점점 없어져요.

유아 5 : 막 흘러내려요.

유아 6 : 손에 막 달라붙어요.

전분 물감 만들기

있었다. 그러나 전분 가루는 반죽 덩어리가 되지 않고 흐느적거리는 독특한 질감의 물질로 변한다는 사실을 새로이 알게 되었고, 여기에 물감을 섞어 손으로 그림을 그려 보았다. 그리고 손가락으로 전분 물감의 촉감을 느끼며 자연물을 활용해 가을 나무를 완성했다.

우리가 만난 가을(협동작품)

유아 1 : 전분으로 만든 물감과 자연물로 멋진 가을 나무를 만들었어요.
유아 2 : 전분 물감은 미끌미끌해요.
유아 3 : 물감이 서로 섞여 재미있는 그림이 되었어요.
유아 4 : 물감이 축축해서 그림이 잘 마르지 않을 것 같아요.

이를 통해 유아들은 가루에 대한 경험의 폭을 키울 수 있었으며 가루마다 독특한 특성을 지니고 있다는 사실을 알 수 있었다.

(4) 소금 그림 그리기

유아들은 물감으로 그림을 그린 후 바로 소금을 뿌려 보았다. 시간이 흐르면서 물감과 소금이 섞여 소금의 색이 변하는 것을 발견한 유아들은 자극이 있을 때 소금이 물감을 흡수하는 속도가 빨라지는 것을 알 수 있었다.

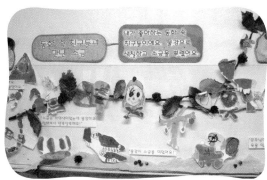

완성된 소금 그림(협동작품)

교사 : 소금이 어떻게 변했니?

유아 1 : 알록달록해요!

유아 2 : 공주님이 울퉁불퉁한 옷을 입었어요.

유아 3 : 소금이랑 그림이랑 딱 붙었어요.

유아 4 : 색깔이 변했어요.

교사 : 그래. 너희들이 사용한 물감 색으로 소금이 변했구나.

유아 1 : 물감이 소금을 먹었어요. 흰색이었는데 소금하고 물감하고 합해졌어요.

교사 : 물감하고 소금하고 서로 합쳐져서 소금의 색이 변했구나. 또 소금의 모양은 어떠니?

유아 2 : 모양은 그대로예요.

교사 : 소금 모양은 변하지 않고 그대로니?

유아 3 : 네, 네모예요.

교사 : 또 어떻게 변했니?

유아 4 : 소금이 만져보니까 축축해졌어요.

교사 : 물감이랑 섞이니까 그렇게도 변했구나. 그런데 저쪽에서 붓으로 소금을 두드리는 어린
    이들도 있네. 그렇게 하면 어떻게 되니?

유아 1 : 두드리니까 더 빨리 변해요.

유아 2 : 자꾸 두드리면 소금 색이 변해요.

교사 : 그렇구나. 붓으로 두드리니까 소금이 더 빨리 변하네.

소금 그림의 변화에 대한 유아들의 관심은 꽤 높았다. 소금은 굵은 소금과 꽃소금 모두를 내 주었는데 생각보다 소금의 번짐 현상이 약하게 나타나서 조금 아쉬웠다. 그러나 유아들은 소금 가루로 인해 색이 변화하고 그림이 입체적으로 변하게 되었음을 느꼈다.

3) 가루에 다양한 물질 섞어 보기

(1) 가루에 넣을 수 있는 물질 예측해 보기

물을 활용해 가루를 변화시켜 본 유아들은 가루를 변화시키는 물질에 대해 관심을 보였다. 특히 요리활동 및 밀가루 점토 만들기 활동을 통해 물 외에도 다른 물질(기름류, 달걀)들 역시 가루의 상태를 변화시킬 수 있다는 것을 추측해 볼 수 있었다.

교사 : 물을 넣는 것 외에 가루를 변화시킬 수 있는 방법이 있을까?

유아 1 : ….

유아 2 : 달걀을 넣어요.

유아 3 : 소금을 넣어요.

유아 4 : 물감을 넣어요.

유아 5 : 식용유를 넣어요.

유아 6 : 사과를 넣어도 가루가 변할 것 같아요.

교사 : 그렇구나. 혹시 친구들이 이야기한 것들을 직접 가루에 넣어 본 친구 있니?

유아 1 : 지난 번에 요리할 때 식용유를 넣었어요.

유아 2 : 밀가루 점토 만들 때 소금도 넣었는데….

유아 3 : 달걀을 넣었더니 노랗게 변했어요.

교사 : 그래. 너희들 이야기처럼 경단과 핫케이크를 만들 때, 그리고 밀가루 점토를 만들 때 직접 기름이나 달걀, 소금을 넣어 보았어. 물론 물을 가장 많이 넣었었지. 그럼 물이 아닌 다른 물질만을 넣었을 때 가루는 어떻게 될까?

유아 4 : 물이 없으면 안 변할 것 같아요.

유아 5 : 더 말랑말랑해질 거예요.

유아 6 : 가루가 모두 없어져요.

유아 1 : 가루에서 맛있는 냄새가 나요.

유아 2 : 가루들이 춤을 출지도 몰라요.

교사 : 그럼 너희들의 생각이 맞는지 우리 가루에 다른 것을 한번 넣어 볼까?

유아 1, 2, 3, 4, 5, 6 : 네!

(2) 바나나 팩 만들기

유아들과 함께 물이 아닌 다른 물질을 가루에 섞어 보기 활동이 시작되었다. 먼저 유아들은 바나나 팩을 만들었는데 으깬 바나나와 꿀을 밀가루에 섞어 팩을 완성했다. 미니 강판 및 막자와 사발을 활용하여 바나나를 곱게 으깬 유아들은 가루의 반죽 형태와 비슷한 질감의 바나나를 느껴 볼 수 있었으며 밀가루와 열심히 섞었다. 꿀이 들어가자 반죽이 보다 수월하게 이루어졌으며 유아들은 드디어 끈적끈적한 바나나 팩을 완성했다.

바나나 팩 만들기

유아 1 : 밀가루 점토에서 맛있는 냄새가 나요.

유아 2 : 바나나 팩 속에 손이 쑥 들어가요.

유아 3 : 팩을 얼굴에 바르면 조금 차갑지만 부드러워요.

유아 4 : 꿀을 넣으니까 팩이 더 노랗게 변했어요.

교사 : 으깬 바나나와 꿀을 넣어 보니 밀가루가 어떻게 변했니?

유아 1 : 밀가루가 말랑말랑해졌어요.

유아 2 : 밀가루가 보들보들해요.

유아 3 : 엄마가 밤에 얼굴에 바르는 것처럼 변했어요.

교사 : 그렇구나. 그럼 밀가루에 물을 넣었을 때와 어떤 차이가 있는 것 같니?

유아 2 : 물을 넣으면 흰색인데 꿀과 바나나 때문에 노랗게 되었어요.

유아 4 : 그냥 점토가 아니라 바나나 팩이 되었어요.

유아 1 : 물이 들어간 밀가루는 더 크고 단단해요.

유아 3 : 으깬 바나나를 넣으면 진흙처럼 되요.

유아 1 : 꿀이 꼭 필요해요.

유아 2 : 꿀이 있으니까 밀가루랑 바나나가 잘 섞이는 것 같아요.

유아 4 : 맞아. 꿀처럼 바나나 팩도 끈적끈적해요.

팩으로 변한 바나나와 밀가루를 본 유아들은 가루의 변화를 즐거워하면서 친구들의 얼굴에 부드럽게 팩을 펴 발라 주었다. 바나나 팩을 친구의 얼굴에 발라 주면서 유아들은 서로 더욱 가까워질 수 있었으며 세수를 하고 난 후 매끄러워진 피부를 보며 모두 즐거워했다. 바나나와 밀가루, 꿀 모두 유아들이 평소에 관심이 많고 좋아하는 것이기 때문에 팩을 잘 모르던 유아들도 큰 어려움 없이 팩 놀이에 참여했으며 가루의 또 다른 모습을 발견할 수 있는 시간이었다.

(3) 비누 만들기

바나나 팩에 이어 유아들은 허브 가루에 기름을 섞어 비누를 만들어 보았다. 기름 외에도 비누 만들기에는 비누 베이스와 에센스 등이 필요한데, 이 역시 기름의 한 종류이기 때문에 유아들이 기름과 가루와의 만남을 보다 구체적으로 알 수 있는 계기가 되었다.

비누 만들기

유아들은 비누 만들기를 통해 가루에 기름을 섞어 보았다. 먼저 준비한 비누 베이스를 직접 갈아 보고 카모마일 허브를 빻아 가루로 만들었다. 여기에 피부에 좋은 영향을 미치는 다른 가루(쌀겨 가루와, 진피 가루 등)를 함께 섞어 보았고 글리세린에 넣어 비누를 완성했다.

비누 만들기 과정에서 유아들은 그 동안 경험하지 못했던 새로운 가루들을 경험해 볼 수 있었으며, 가루들이 기름에 섞인 상태를 관찰해 볼 수 있었다. 시간이 흐르고 냉장고에 넣었던 액체 상태의 비누가 시간이 지나 고체로 굳어진 상태를 본 유아들은 재료로 넣었던 가루들이 굳어진 비누 속에서 어떻게 변화했는지도 확인할 수 있었다. 만 3세 유아들이 가루와 기름을 혼합하여 하나의 고체 물질인 비누를 완성해 낸 것 자체만으로도 즐거운 활동이었다.

비누 속 가루 이야기

구 분	내 용	
비누 예측하기 – 어떤 비누를 만들 수 있을까?	• 알록달록한 비누가 될지도 몰라요. • 꽃을 빻아서 꽃 비누를 만들어요. • 맛있는 냄새가 나는 비누가 좋아요. • 수박을 넣으면 비누는 어떻게 될까? • 우리 집에 향기로운 비누가 있어요. • 무지개색 비누가 되었으면 좋겠어요. • 물고기 모양 비누를 만들고 싶어요.	
비누 만들기 – 순서대로 재료를 넣고 섞어 보았어요.	• 가루들을 모두 섞어 보고 싶어요. • 허브를 빻으니까 꽃냄새가 나요. • 비누 베이스는 힘을 많이 주어야 작아져요. • 향기로운 가루들이 기름이랑 만났어요. • 가루들이 섞이면서 색이 달라졌어요. • 비누 틀에서 가루들이 모두 만날 것 같아요. • 맑은샘물반이 초콜릿 공장이 된 것 같아요.	
친구들과 함께 만든 비누 탐색하기	• 가루들이 작아요. • 가루들이 단단해졌어요. • 비누 속에서 가루들이 잘 보여요. • 점 알갱이가 보여요. • 비누 속에 콩이 들어 있어요.	• 가루가 비누 점이 되었어요. • 초록색 비누 점이 많요. • 비눗물에 가루가 움직일 것 같아요. • 비누 속에 가루가 보여요.

비누 만들기 놀이에 열중하는 유아들

(4) 가루를 구분하는 방법 알아보기 – 해로운 가루도 있어요

유아들은 가루를 변화시키는 과정에서 우리 주변에는 다양한 종류의 가루가 있으며 각각 독특한 특성을 지니고 있음을 알게 되었다. 그러나 실제로 모양과 색이 비슷한 가루들도 많으며, 가루 중에는 먹지 말아야 할 가루들도 있다는 중요한 사실 또한 배웠다. 그래서 유아들과 함께 혼동하기 쉬운 흰 가루들 (세제 가루, 밀가루, 핫케이크 가루, 설탕 가루, 소금 가루)을 어떻게 구분할 수 있을지에 대해 알아보았다.

같은 색 가루 구분하기 표

눈으로 보았을 때 비슷한 가루들의 특징을 직접 알아보고 또 구분해 보면서 유아들과 몸에 해로운 가루들에 대한 이야기까지 나누어 볼 수 있었다. 가루 놀이를 진행하면서 호기심이 넘치는 유아들에게 함부로 가루를 먹지 않기는 매우 중요한 약속이었다. 그러나 가루에 대해 한참 흥미를 느끼고 있는 유아들에게 처음부터 무조건 강조를 하기에는 다소 무리가 있다고 판단

여러 가지 가루의 특성을 살피는 유아들

되어 주제 전개 초반에는 먹어도 괜찮은 가루들을 주로 이용했다. 유아들에게 익숙한 하얀 가루들을 구분해 보는 활동을 통해 가루의 또 다른 면을 유아들과 함께 나누어 볼 수 있어서 더욱 의미가 있는 시간이었다.

유아 1 : 핫케이크 가루에서 고소하고 맛있는 냄새가 났어요.

유아 2 : 밀가루는 아무 냄새도 안 났어.

교사 : 핫케이크 가루는 왜 맛있는 냄새가 날까?

유아 1 : 달걀이 들어가서요.

유아 2 : 소금이랑 설탕이 들어가서 그런 것 같아요.

유아 3 : 우유가 들어가서 맛있는 냄새가 나요.

교사 : 그렇구나. 그런데 여기에 있는 가루들 중에서 먹으면 몸에 무척 해로운 가루는 어떤 것일까?

유아 1 : 세제 가루요.

교사 : 맞아. 세제는 음식물이 아니기 때문에 먹게 되면 우리 몸이 탈이 날 수 있어.

유아 2 : 입속에 들어가면 거품이 막 일어나요.

교사 : ○○는 세제를 먹어 보았니?

유아 2 : 아니요, 세제 가루에서 향기로운 냄새가 나니까 절대 안 먹어요.

교사 : 그렇구나. ○○ 말처럼 향기로운 빨래 냄새가 나면 세제임을 알 수 있겠다. 혹시 세제를 알 수 있는 또다른 방법이 있니?

유아 3 : 물을 뿌려 보면 되요.

유아 2 : 맞아. 세제는 거품이 나요.

유아 1 : 설탕은 진흙처럼 되요.

유아 3 : 소금은 반짝반짝 할 거예요.

유아 4 : 물을 뿌렸을 때 물컹물컹한 반죽이 되면 그건 밀가루예요.

유아 2 : 세제에서는 거품이 나고 좋은 냄새도 나요.

교사 : 너희들 말처럼 물을 뿌려도 세제를 찾을 수 있겠구나. 꼭 거품이 나지 않더라도 물을 부었을 때 뿌옇게 가루가 흐려질 수도 있단다. 그리고 아무리 먹을 수 있는 가루라고 해도 아무 가루나 막 입속에 넣으면 될까?

유아 1 : 아니요.

유아 2 : 절대 안 돼요.

유아 3 : 배가 아플 수 있어요.

교사 : 그래. 요리나 약에 유용하게 쓰이는 가루도 있지만 실제로 너희가 먹지 말아야 할 가루들도 참 많단다. 세제보다 더 위험하고 몸에 해로운 가루들도 있기 때문에 스스로 조심하는 것이 필요해. 아무 가루나 먹지 않기로 약속할 수 있겠니?

유아 1, 2, 3, 4 : 네!

3. 가루 놀이하기

1) 가루 놀이 계획하기

(1) 가루를 활용하여 할 수 있는 놀이에 관한 이야기 나누기

맑은샘물반 유아들과 함께 가루를 활용하여 할 수 있는 놀이에 관한 의견을 나누고, 진행할 놀이를 정했다.

교사 : 가루를 가지고 어떤 놀이를 할 수 있을까?
유아 1 : 가루들은 작으니까 가방에 넣어 보고 싶어요.
유아 2 : 물통에 가루를 넣으면 가루통이 되요.
교사 : 그럼 가루통 대신에 우리가 가루 블록을 만들어 볼까?
유아 1, 2, 3 : 네!
유아 1 : 요술 가루도 만들어 봐요.
유아 2 : 그건 못 만들어. 마법사들이 만드는 거잖아.
교사 : 그렇지만 해리포터 이야기처럼 우리도 짧은 이야기를 만들 수는 있어.
유아 3 : 그럼 요술 가루가 나오는 이야기를 만들어요.
교사 : 그 이야기를 어떻게 소개하면 좋을까?
유아 1 : 형님들을 초대해서 보여 줘요.
유아 2 : 재미있어서 깜짝 놀랄지도 몰라요.
유아 3 : 동극할 때 우리가 주스도 만들어 줘요.
유아 1 : 주스 가게를 여는 거예요.
교사 : 그래. 너희들 이야기처럼 동극이랑 주스 가게를 함께 하면 좋을 것 같아. 그런데 어디에서 하면 좋겠니?
유아 2 : 맑은샘물반에서요.
유아 3 : 교실에 형님들을 초대하면 좋아요.

(2) 놀이에 필요한 준비물 알아보기

유아들이 만든 놀이는 크게 세 가지로 가루 블록을 만들어 쌓기, 형님들을 초대해 가루 동극 공연하기, 주스 가게 열기였다. 세 가지 놀이가 정해지고 유아들과 놀이에 필요한 준비물과 놀이를 진행할 교실 공간에 대해서도 이야기를 나누었다.

교사 : 자, 가루 놀이를 하기 전에 먼저 준비해야 할 준비물에 대해 이야기를 나누어 보자. 가루 블록을 만들려면 무엇이 필요하니?

유아 1 : 가루를 담을 통이 있어야 해요.

유아 2 : 울퉁불퉁한 가루들도 아주 많아야 해요.

교사 : 그래. 너희들이 말한 대로 투명한 통과 여러 가지 가루가 있어야겠구나. 그럼 주스 가게 와 동극 공연을 동시에 하려면 무엇이 필요할까?

유아 1 : 주스를 만들 가루가 있어야 해요.

유아 2 : 주스에는 물이 필요해요.

유아 3 : 물이 아주 많아야 해요.

유아 4 : 동극을 하려면 먼저 이야기를 만들어야 해요.

유아 5 : 머리띠도 있어야 해요.

유아 6 : 의자도 있어야 해요.

유아 7 : 형님들에게 줄 표도 있어야 해요.

교사 : 그렇구나. 그럼 어디에서 공연을 하고 주스 가게는 어디에서 열면 좋을까?

유아 1 : 여기(쌓기)에서 동극을 해요.

유아 2 : 간식을 먹는 곳에서 주스를 먹으면 좋아요.

유아 3 : 미술 영역에서 주스를 먹어요.

유아 4 : 모든 책상에서 주스를 먹어요.

교사 : 그럼 너희들 이야기대로 제일 넓은 쌓기 영역에서 동극을 하기로 하고, 나머지 영역에서 주스 가게를 열도록 하자.

2) 여러 가지 가루로 블록 만들기

유아들은 수집한 다양한 가루를 이용하여 놀잇감을 만들면 좋겠다고 제안하였다. 교사가 준비한 투명 아크릴 통에 유아들은 여러 가지 가루를 넣어 쌓기 영역에서 함께 사용할 블록을 만들었다. 그동안 블록을 가지고 구성 놀이를 해 왔던 유아들은 직접 쌓기 놀이에 사용할 블록을 만든다는 사실에 큰 흥미를 보였으며 여러 가지 가루를 깔때기를 활용하여 직접 통에 담았다. 가루 블록을 만들면서 OHP 필름으로 직접 만든 깔때기의 구멍이 클수록 더 많은 가루들을 담을 수 있다는 사실과 아크릴 블록의 입구가 깔때기보다 더 넓어야 한다는 것을 알 수 있었다.

여러 가지 가루로 블록을 만들어요

가루들을 흔들면 재미있는
소리가 나요.
가루들이 부딪혀 하얀 가루가
생겼어요.

여러 가지 곡물과 가루로 블록을 만들었어요.
블록에서 재미있는 소리가 나요.
깔때기로 가루들을 쉽게 넣을 수 있어요.
큰 가루랑 작은 가루를 섞어요.

작은 블록에는 큰 깔때기를
쓸 수 없어요.
바닥으로 모두 떨어져요.
구멍이 큰 깔때기로 넣으면 많은
가루들을 넣을 수 있어요.

가루 블록을 완성한 후 유아들이 블록에 지어 준 이름들

- 딱딱이 : 흔들면 쾅쾅쾅 소리가 나요.
- 알록달록 블록 : 쌀이 움직이는 소리가 나요.
- 콩 블록 : 초록 가루랑 콩이랑 막 움직여요.
- 미끄럼 블록 : 흔들면 흐르륵 흐르륵 소리가 나요.
- 시장 블록 : 흔들었더니 시끄러운 소리가 나요.
- 메롱이 : 흔들었더니 괴물 소리가 났어요.
- 커피 블록 : 흔들면 가루들이 점점 부서지는 것 같아요. 따다닥 소리도 나요.
- 동물원 블록 : 휭휭 소리처럼 밀가루 소리가 나요.
- 흔들이 블록 : 블록 안에 땅콩들이 막 흔들거려요.
- 땡땡이 블록 : 블록을 흔들면 가루들이 이쪽으로 갔다 저쪽으로 갔다 해요.
- 사각사각 블록 : 흔들면 깨 소리가 나요.
- 통통이 블록 : 흔들면 딸랑딸랑 소리가 나요.

깔때기를 활용한 덕분에 유아들이 가루를 넣는 속도가 많이 빨라졌고, 유아들은 다양한 가루들을 담아 놓은 컵을 가져다가 자신의 통에 가루를 넣었으며, 차곡차곡 가루들이 쌓이는 모습에 무척 즐거워했다. 항상 옆으로 펼쳐 있는 가루의 모습에 익숙했던 유아들은 높게 쌓인 가루들을 보고 즐거워했으며, 가루의 색이나 모양에 따라 블록의 형태가 변하게 된 것에도 큰 흥미를 보였다. 다양하게 섞이는 가루를 경험하며 블록에서 나는 가루 소리를 들어 보고, 완성된 가루 블록을 활용하여 색다른 구조물을 만들었다.

유아들이 만든 가루 블록

가루 블록은 가루의 움직임이 있기 때문에 색이 변하거나, 방향에 따라 움직일 수 있는 구조물을 만들기도 했으며 새로운 형태의 궁전이나 수영장을 만들 수 있었다. 그리고 기존에 교실에 있던 벽돌 블록이나 스펀지 블록, 레고 등과 가루 블록을 함께 활용하여 유아들은 새로운 쌓기 놀이를 해볼 수 있었으며 가루의 움직임을 활용하여 쌓기 놀이를 더욱 발전시켜 나갈 수 있었다.

3) 가루 동극 & 맑은샘물반 주스 가게 준비하기

유아들은 가루를 소재로 만든 동극을 하고 주스 가게를 함께 열어 형님들을 초대하기로 결정했다. 유아들은 형님들이 교실에 와서 함께 놀이한다는 상상만으로도 즐거워했으며 적극적으로 동극으로 활용할 이야기를 만들었다. 몇몇 여아들은 신데렐라 동극을 원하며 신데렐라가 드레스를 입을 때 마법사의 요술봉에서 가루가 나왔다는 설명을 덧붙였다. 그러나 남아들이 큰 호응을 보이지 않았고 결국 우리들의 새로운 이야기를 만들어 보기로 했다. 시간이 흐르고 몇 번의 토의 끝에 맑은샘물반 유아들이 평소에 너무나 좋아하는 토마스 기차와 공주님이 등장하는 짧은 가루 이야기를 완성했다. 대본이 완성되자, 동극 팀과 주스 가게 팀을 나누었고 본격적으로 형님들을 초대 준비가 시작되었다.

유아들은 먼저 초대장에 들어갈 그림을 그렸으며, 동극 팀에서는 함께 만든 대본을 연습해 나가면서 공연 시 필요한 의상과 소품을 만들어 보았다. 유아들은 과자와 골판지를 활용하여 울퉁불퉁한 가루괴물의 의상을 만들었고, 가루가 담길 주머니는 유아들이 민속의 날에 사용했던 복주머니를 사용하기로 했다.

동극을 준비하는 유아들

주스를 만드는 유아들

    한편 주스 가게 팀 친구들은 제일 먼저 주스 메뉴를 정하고 간판을 만들었다. 토의 결과 유아들은 딸기, 초코, 레몬 주스로 메뉴를 정했으며 자원봉사자 선생님들의 도움을 받아 주스를 미리 만들었다.

교사 : 어떤 주스가 만들어졌니? 가루가 물이랑 만나 어떻게 변했니?
유아 1 : 가루를 많이 넣으면 주스의 색이 더 진해져요.
유아 2 : 주스는 가루 색과 달라요.
유아 3 : 물을 넣었더니 가루의 색과 맛이 변했어요.
유아 4 : 물을 많이 넣으면 주스가 맛이 없어요.
유아 5 : 주스 컵에 가루를 더 넣을 수 있어요.
유아 6 : 수저로 저어 주면 물이랑 가루가 잘 섞어요.

동극을 공연하고 주스 가게를 열었어요

제 엉덩이가 아프다고 했을 때
형님들이 크게 웃어서 좋았어요.
형님들은 어떤 장면이
제일 재미있었는지 궁금해요.

형님들이 갑자기 들어와서
깜짝 놀랐어요!
친구들이 만든 주스가
정말 맛있었어요.

초 대 권

맛있는 주스와 재미있는 동극이 있는
맑은샘물반에 놀러 오세요!

일시 : 2007년 11월 8일 금요일
장소 : 맑은샘물반 교실

유아들이 만든 동극 공연 초대권

유아들이 만든 〈토마스가 준 선물〉 동극용 대본

#1. 맑은샘물반 마을에 괴물이 나타나 모든 가루를 먹어 치운다.

해설 : 옛날 산 넘어 동쪽에 맑은 샘물이 흐르는 멋진 마을이 있었어요. 어느 날, 평화로운
들판에 괴물이 나타나 마을에 있는 곡식과 모든 가루를 먹기 시작했어요.

괴물 : (괴기스러운 소리를 내며) 어흥, 세상의 모든 가루를 다 먹어 버리겠다!
(몸짓, 손짓으로 가루 먹는 시늉을 한다.)

#2. 마을 사람들은 필요한 가루가 없어 고통스러워한다.

해설 : 괴물이 들판의 익은 곡식과 약 그리고 세제까지 모든 가루를 먹어 버려서 마을 사
람들은 몹시 괴로웠어요.

아픈 사람 1 : 난 콧구멍이 아파.

아픈 사람 2 : 난 엉덩이도 아파. 그런데 약이 없어.

빨래하는 사람들 : 아잇, 거품이 안나. / 옷이 너무 더러워. / 실내화도 더러워.

#3. 토마스 기차가 나타나 농부와 공주에게 가루를 전해 준다.

해설 : 이 모습을 지켜 본 토마스 기차가 이러한 광경을 보고, 사람들을 도와주어야겠다고
생각했어요.

토마스 기차 1 : 사람들이 너무 힘들어.

토마스 기차 2 : 그래. 우리가 도와주자.

해설 : 토마스 기차는 마을의 농부 아저씨, 공주님에게 마법의 가루를 주었어요.

토마스 기차 : 이 가루를 받아. 괴물을 물리칠 수 있을 거야.

공주님, 농부 : 고마워.

토마스 기차 : 그럼 안녕!

공주님, 농부 : 안녕!

농부 : 우리가 괴물을 물리치자.
공주님 : (악수를 하며) 그래 좋아.

#4. 농부와 공주는 마술가루를 던져 괴물을 무찌른다.
해설 : 농부 아저씨와 공주님은 괴물이 있는 들판으로 나갔어요. 그리고 괴물을 향해 무언
　　　가를 던졌어요. 공주님은 빨간 고춧가루가 묻어 있는 낙엽을 던졌어요!
공주님 : 이걸 받아라! 얍~
괴물 : 아아! (살짝 쓰러졌다 다시 일어선다.)
해설 : 다시 괴물이 일어났군요. 어떡하죠? 이번에는 농부 아저씨가 깊은 잠에 빠지는 검
　　　은색 가루를 던졌어요.
농부 : 이걸 받아라!
해설 : 그러자 마술가루를 맞은 괴물은 괴로워하며 잠에 푹 빠졌어요.
괴물 : 으악! (쓰러진다.)
공주님 , 농부 : 와, 우리가 이겼어!

#5. 마을은 다시 행복을 되찾는다.
(수인공들 모두 나와 춤을 춘다.)
해설 : 토마스가 준 선물 덕분에 이제 맑은샘물반 마을에는 괴물이 모두 사라졌어요. 이렇
　　　게 괴물을 물리친 마을 사람들은 편리한 가루를 다시 쓸 수 있게 되었고, 모두 행복
　　　하게 살았답니다.

– 끝 –

　그리고 드디어 유아들은 형과 누나들을 교실에 초대하여 열심히 준비한 가루
동극을 공연하고, 직접 만든 주스를 선물했다. 각자 맡은 역할에 최선을 다하는
유아들의 모습을 보면서 모두 큰 뿌듯함을 느꼈다.

　공연을 마치고 유아들은 그 동안 준비해 왔던 시간들을 함께 회상하면서 소감
을 나누었다. 처음으로 형과 누나들을 교실에 초대한 맑은샘물반 유아들은 큰
성취감을 느낄 수 있었다. 동극 공연과 주스 가게를 통해 유아들은 가루에 대한
유아들의 생각을 재미있게 표현해 볼 수 있었을 뿐 아니라, 가루로 놀이를 만들
어 보았다. 이러한 경험들이 앞으로의 유아들이 물질을 이해하고 파악하는 데
기본 바탕이 되길 기대한다.

'신나는 가루 놀이' 주제는 만 3세 유아들에게 다양한 탐색의 기회를 제공해 주었다. 가루의 물리적·화학적 변화는 유아들을 가루 불기, 붙이기, 섞기, 반죽하기, 첨가하기, 젓기 등의 활동에 보다 적극적으로 참여하게 만들었으며, 유아들의 호기심 발달에도 큰 영향을 미쳤다. 오감을 활용하여 다양한 가루들을 탐색해 본 유아들은 우리 생활 속 과학적 변화에 관심과 흥미를 갖게 되었다.

이 주제는 시간이 지날수록 유아들의 활동 시간이 다소 길어졌는데 이는 가루에 대한 흥미가 높아진 유아들이 가루의 변화에 큰 관심을 보이며 관찰 시간이 다소 길어졌기 때문이다. 유아들은 관찰하고 있는 현상을 자신의 경험과 자연스럽게 관련지어 변화의 원인을 찾아내기도 하였다. 또한 스스로가 관찰과 실험의 주체가 되어 사물에 변화를 줄 수 있는 대상임을 깨닫도록 했으며, 이는 유아 스스로가 자연의 일부임을 인식하면서 생명존중 사상을 자연스럽게 이해할 수 있는 계기가 되었다.

만 3세 유아들에게 물리적 특성을 파악할 수 있는 직접적인 경험과 다양한 사물, 사건, 행동을 관계지어 볼 수 있는 기회를 제공함으로써 크고 작다, 빠르고 느리다, 가볍고 무겁다, 높고 낮다 등의 물리적 성질에 대한 기본 개념을 보다 쉽게 이해할 수 있도록 했다.

'신나는 가루 놀이' 주제를 통해 유아들은 가루에 대한 생각과 과학적 개념들을 자신만의 의미로 구성해 볼 수 있는 기회를 가질 수 있었다. 또한 여러 가지 가루 놀이를 통해 가루에 대한 생각들을 발달시켜 나가면서 친구들과 보다 활발한 의사소통을 나눌 수 있었다. 유아들이 크고 작다, 빠르고 느리다, 가볍고 무겁다, 높고 낮다 등의 물질의 특성을 나타내는 어휘들을 시간이 흐를수록 자주 사용하는 모습을 보면서 교사로서 큰 보람을 느낄 수 있었다.

이 주제는 시작 단계에서 함부로 가루를 먹지 않는다는 약속을 유아들과 함께 만들 필요가 있으며, 교사가 수시로 이러한 부분을 점검해야 한다. 주제 전개가 끝난 지금 어떠한 가루 놀이들이 새롭게 탄생될 수 있을까 하는 즐거운 생각을 생각하며, 주제를 마무리하고자 한다.

반짝이는 눈으로 교사를 바라보고, 새로운 놀이 방법에 귀를 쫑긋 세웠던 유아들과 함께 한 시간들이 한 권의 책으로 완성되었습니다. 이 소중한 책을 보면서 즐거웠던 순간들이 다시 떠올랐고 교사로서의 행복과 보람을 느낄 수 있었습니다.
교사에게 이 세상 최고의 에너지인 웃음을 무제한으로 전해 준 2007학년도 맑은샘물반 유아들에게 사랑하고 고맙다는 이야기를 다시 한번 전합니다.

2008년 여름
맑은샘물반 교사 김소리

Ⅲ

교사를 위한
교육활동안

Ⅲ 교사를 위한 교육활동안

1) 교육활동안 : 활동의 예 1

활동명	신나는 밀가루	대상 연령	만 3세
		활동 영역	실외 활동
교육 목표	• 가루마다 다양한 특성을 가지고 있음을 이해한다. • 밀가루를 자유롭게 탐색하면서 밀가루의 독특한 특성을 알 수 있다.		
활동 자료	밀가루, 수건, 체, 다양한 그릇, 삽, 넓은 비닐, 여별 옷   		

활동 내용	1. 밀가루에 관한 경험을 나눈다
	   교사 : 밀가루를 본 적 있니?
	   유아 : 전을 만들 때 밀가루가 필요해요. 밀가루로 반죽 놀이도 했어요.
	2. 팀별로 자유롭게 밀가루를 탐색한다
	   교사 : 밀가루를 손에 쥐었을 때 느낌이 어떠니?
	            밀가루를 던졌을 때 어떻게 되었니?		

유아 : 밀가루는 부드러워요!

밀가루에서 맛있는 냄새가 나요.

앞마당이 하얗게 변했어요.

밀가루에 길을 만들 수 있어요.

밀가루를 던지면 눈이 오는 것 같아요.

밀가루에 꼬불꼬불한 기찻길을 만들 수 있어요.

두꺼운 부침개도 만들었어요

밀가루로 케이크도 만들 수 있어요.

3. 체에 밀가루를 넣었을 때 어떠한 일이 생길지 예측해 본다

교사 : 이 체에 우리가 밀가루를 넣으면 어떻게 될 것 같니?

유아 : 밀가루가 계속 내려와요.

아래로 갈 것 같아요.

여기로 내려와요.

눈처럼 쏟아져요.

교사 : 체로 친 밀가루로 무엇을 할 수 있을까?

유아 : 맛있는 요리를 할 수 있어요.

밀가루로 부드러운 집을 만들 거예요.

모래랑 같이 놀 수 있어요.

활동 내용	4. 놀잇감을 활용하여 밀가루 놀이를 하고, 모래와 밀가루를 비교해 본다 교사 : 모래 놀이와 밀가루 놀이는 어떻게 다르니? 유아 : 입으로 후 불면 밀가루가 날아가요. 　　　 모래는 까칠까칠해요. 　　　 모래도 체에 넣을 수 있어요. 　　　 모래는 노랗고, 밀가루는 흰색이에요. 　　　 밀가루가 더 부드러워요. 교사 : 밀가루가 왜 날아가고 눈처럼 쏟아질까? 유아 : 밀가루는 부스러기라서요 　　　 가루는 아주 작으니까요. 5. 활동이 끝난 뒤 느낀 점을 이야기한다 교사 : 앞마당에서 밀가루를 가지고 놀아 보니 어떠니? 　　　 밀가루 대신 어떤 가루 놀이를 해볼 수 있을까?
평 가	밀가루는 유아들에게 친숙한 가루임과 동시에 부드러운 질감을 가지고 있기 때문에 유아들의 촉감발달 및 정서순화에도 도움이 된다고 본다. 　이 활동은 유아들이 실외에서 자유롭게 밀가루를 탐색하면서 가루에 대한 생각을 보다 확장시켜 나갈 수 있는 기회가 되었다. 밀가루를 손으로 쥐어 보고, 발자국을 만들었으며 가루를 모아 산을 쌓기도 했다. 또한 가루를 입으로 불어 보고, 손가락 사이로 날려 보면서 온몸으로 밀가루의 특성을 탐색했다. 놀이 중간에 체, 그릇 등을 제공해 유아들이 밀가루 놀이를 확장시켜 볼 수 있도록 했고 가루를 체에 쳐 보고 그릇에 담아 보면서 밀가루의 양, 높이 등과 같은 수학적 개념들을 경험해 보았으며, 앞마당에 있는 모래와의 비교를 통해 밀가루의 부드러운 촉감을 느껴 볼 수 있었다. 　이 활동을 진행하기 전에는 수건이나 여벌 옷을 미리 준비해야 하며, 놀이에 사용된 밀가루는 버리지 않고 미술활동 및 과학 영역에서 재활용하도록 하여 유아들이 계속적으로 밀가루를 탐색해 나가도록 한다.

2) 교육활동안 : 활동의 예 2

활동명	재미있는 촉감 놀이	대상 연령	만 3세
		활동 영역	조작

교육 목표	• 손끝으로 가루의 촉감을 느낄 수 있다. • 우리 몸과 닿는 면의 특성에 따라 촉감이 다름을 알 수 있다.

활동 자료	촉감 매트, 가루 촉감 상자

활동 내용	1. 가루를 만져 본 경험을 이야기 나눈다 교사 : 가루를 가지고 놀아 보았니? 　　　가루를 만져 본 느낌이 어땠니? 유아 : 밀가루 놀이할 때 가루가 참 부드러웠어요. 　　　소금은 따가웠어요. 　　　설탕은 물에 닿으면 부드러워져요. 2. 촉감 놀이터에서 촉감 매트와 촉감 판을 자유롭게 탐색한다 교사 : 촉감 판의 모양과 색은 어떠니? 　　　촉감 매트를 밟을 때 어떤 소리가 나니? 유아 : 아무 소리가 나지 않아요 　　　통통 소리가 나요 　　　뽁 소리가 나요. 교사 : 촉감 매트 위에 또 무엇이 있을까? 　　　원하는 곳을 자유롭게 만져 보자. 유아 : 털을 밟으면 부드러워요. 　　　이 돌은 까끌까끌해요. 　　　구둣솔은 우리집에도 있는데 계속 만지면 손이 따가워요. 　　　손과 발로 이렇게 모두 만질 수도 있어요. 　　　(판을 가리키며) 여기가 제일 부드러워요. 　　　사방치기를 하면 울퉁불퉁 판을 밟을 수 있어요. 　　　여기는 올록볼록해서 발이 깜짝 놀랐어요.

활동 내용

3. 가루 촉감 상자에 손을 넣고 다양한 가루의 느낌을 비교해 본다

　교사 : 가장 부드러운 가루는 무엇이니?

　　　　가장 까끌까끌한 가루는 무엇이니?

　　　　손끝으로 가루를 느껴 보고 알아맞혀 볼 수 있겠니?

　유아 : 가루 속에 손을 넣으면 좋아요.

　　　　쌀은 꺼끌꺼끌해요.

　　　　가루 상자 안에 손이 쑥 들어가요.

　　　　콩도 숨어 있는데 부드러워요.

　　　　커피콩이랑 노란 콩이랑 섞으면 여기에서 커피 냄새가 나요.

　　　　냄새로 가루를 알 수도 있어요.

　　　　상자 안에 다른 가루를 넣으면 친구들이 모를 거예요.

활동 내용	4. 활동이 끝난 뒤 느낀 점을 이야기한다 교사 : 가루를 만졌을 때 기분이 어땠니? 　　　가장 부드러운 것은 어떤 면일까? 　　　다른 곳도 자유롭게 탐색해 보자.
평 가	가루 촉감 상자 안에는 여러 가지 곡물 및 가루들을 담을 수 있어 상자 구멍 속에 손을 넣어 어떤 가루인지 알아맞혀 볼 수 있으며, 다양한 가루의 느낌을 느껴보았다. 또한 가루들의 미세한 촉감 차이를 보다 구체적으로 느껴 볼 수 있도록 교실 한쪽 영역을 촉감 놀이터로 만들고 유아들이 다양한 촉감을 느껴 볼 수 있도록 했다. 　촉감 놀이터는 촉감 매트와 촉감 벽으로 이루어졌으며 손으로 벽에 있는 다양한 사물을 만져 보기도 하고 사방치기를 하면서도 발로도 촉감을 느껴 볼 수 있도록 만든 것이다. 촉감 판과 매트에는 다양한 촉감을 느낄 수 있는 물체들이 붙어 있어 유아들이 흥미를 가지고 촉감 놀이를 진행해 나갔으며 시간이 흐르면서 비슷한 촉감을 찾아 보기 놀이도 함께 이루어졌다.

3) 교육활동안 : 활동의 예 3

활동명	바나나 팩 만들기	대상 연령	만 3세
		활동 영역	과학

교육 목표	• 다양한 가루의 특성에 관심을 갖는다. • 가루에 여러 가지 물질을 섞을 수 있다는 특성을 알 수 있다.

활동 자료	바나나, 꿀, 밀가루, 미니 강판, 막자와 사발, 그릇, 비닐, 수건, 소독용 알코올, 반죽기, 스푼

활동 내용	1. 가루에 무언가를 섞어 본 경험을 나눈다 교사 : 물을 넣는 것 외에 가루를 변화시킬 수 있는 방법이 있을까? 유아 : 달걀을 넣어요. 　　　소금을 넣어요. 밀가루 점토 만들 때 소금도 넣었는데…. 교사 : 물이 아닌 다른 물질만을 넣었을 때 가루는 어떻게 될까? 유아 : 물이 없으면 안 변할 것 같아요. 　　　더 말랑말랑해질 거예요. 　　　가루가 모두 없어져요. 2. 바나나 팩 만드는 방법을 알아보고, 재료들을 자유롭게 탐색해 본다 교사 : 바나나 팩을 만드는 데 필요한 것은 무엇일까? 유아 : 바나나에서 좋은 냄새가 나요. 　　　하얀 바나나로 변할 것 같아요. **만드는 방법** • 바나나의 껍질을 벗긴 후 강판에 곱게 간다. 　　　　　• 곱게 간 바나나를 그릇에 담아 꿀과 밀가루를 잘 섞는다. 　　　　　• 얼굴에 골고루 펴 바른다. 　　　　　• 10분 후 깨끗하게 헹구어 낸다. 3. 밀가루에 바나나와 꿀을 넣고 팩을 만들어 본다 교사 : 바나나로 어떤 팩이 만들어질까? 　　　바나나를 어떻게 빻아 볼까? 유아 : 노란색으로 가루가 변했어요 　　　가루가 더 잘 섞여요.

4. 만든 팩을 서로 발라 주면서 가루의 변화를 탐색한다

교사 : 어떤 팩이 만들어졌니?

유아 : 바나나 팩에서 맛있는 냄새가 나요.

　　　 바나나 팩 속에 손이 쑥 들어가요.

　　　 팩을 얼굴에 바르면 조금 차갑지만 부드러워요.

　　　 꿀을 넣으니까 팩이 더 노랗게 변했어요.

교사 : 으깬 바나나와 꿀을 넣어 보니 밀가루가 어떻게 변했니?

유아 : 밀가루가 말랑말랑해졌어요.

　　　 엄마가 밤에 얼굴에 바르는 것처럼 변했어요.

교사 : 밀가루에 물을 넣었을 때와 어떤 차이가 있는 것 같니?

유아 : 물을 넣으면 흰색인데 꿀과 바나나 때문에 노랗게 되었어요.

　　　 으깬 바나나를 넣으면 진흙처럼 되요.

　　　 꿀이 있으니까 밀가루랑 바나나가 잘 섞이는 것 같아요.

　　　 맞아. 꿀처럼 바나나 팩도 끈적끈적해요.

활동 내용	

5. 활동이 끝난 뒤 느낀 점을 이야기한다

    교사 : 팩을 직접 만들어 본 느낌이 어떠니?

            가루로 만들 수 있는 것은 또 무엇이 있을까?

            가루에 여러 가지 물질을 넣어 보자. |
| 평 가 | 유아들과 함께 물이 아닌 다른 물질을 가루에 섞어 보면서 바나나 팩을 만들었다. 바나나를 곱게 으깬 유아들은 가루의 반죽 형태와 비슷한 질감의 바나나를 느껴 볼 수 있었으며 밀가루에 열심히 섞었다. 꿀이 들어가자 반죽이 보다 수월하게 이루어졌으며 유아들은 끈적끈적한 바나나 팩을 완성했다. 시간이 지날수록 손에 묻는 진득한 팩으로 변한 바나나와 밀가루를 본 유아들은 가루의 변화를 즐거위하면서 친구들의 얼굴에 부드럽게 팩을 펴 발라 주었다. 바나나와 밀가루, 꿀 모두 유아들이 평소에 관심이 많고 좋아하는 것이기 때문에 팩을 잘 모르던 유아들도 큰 어려움 없이 팩 놀이에 참여했으며 가루의 또 다른 모습을 발견할 수 있는 시간이었다. |

4) 교육활동안 : 활동의 예 4

활동명	핫케이크 만들기	대상 연령	만 3세
		활동 영역	요리

교육 목표	• 요리 순서대로 재료를 알맞게 활용할 수 있다. • 가루마다 독특한 향을 가지고 있음을 알 수 있다.
활동 자료	핫케이크 가루, 달걀, 우유, 반죽기, 반죽통, 접시, 포크, 프라이팬, 가스레인지, 요리 순서표
활동 내용	1. 먹을 수 있는 가루에 대한 이야기를 나눈다 　교사 : 우리 주변에서 먹을 수 있는 가루에 대해 알아보자. 　유아 : 소금, 설탕, 고춧가루! 　　　　밀가루도 먹을 수 있어요. 　교사 : 빵이나 과자를 만들 때에도 가루가 필요한데 오늘은 핫케이크 가루를 　　　　살펴보자. 2. 핫케이크의 재료 및 순서를 알아본다 　교사 : 핫케이크를 만들기 위한 준비물을 어떤 것이 있을까? 　유아 : 핫케이크 가루에서 맛있는 냄새가 나요. 　　　　핫케이크 가루는 밀가루랑 비슷해요. 　　　　이 가루로 맛있는 핫케이크를 만들 수 있어요. 　교사 : 핫케이크를 만드는 방법을 알아보자. 3. 요리 순서대로 직접 핫케이크를 만든다 　교사 : 가루에 우유와 달걀을 넣고 잘 섞어 보자. 　유아 : 가루가 노란색이 되었어요. 　　　　달걀을 넣으니까 훨씬 더 잘 섞여요. 　　　　가루가 점점 물컹물컹하게 변해요. 　교사 : 우리가 만든 반죽이 어떻게 변했니? 　유아 : 점점 부풀어 올라요. 　　　　구멍이 생겼어요. 　　　　색깔이 노랗게 되었어요. 　　　　빵처럼 변해요.

활동 내용	4. 핫케이크를 나누어 먹고, 가루의 변화에 대해 이야기 나눈다 교사 : 우리가 만든 핫케이크를 먹어 보니 어떠니? 유아 : 맛있어요. 　　　달콤해요. 　　　빵 맛나요. 　　　쫄깃해요. 교사 : 가루로 핫케이크를 만들어 보니 어떠니? 　　　가루와 핫케이크를 비교해 보자. 유아 : 가루는 작은데 핫케이크는 네모예요. 　　　가루는 아무 맛도 안 나는데 핫케이크는 맛있어요. 　　　가루는 흰색인데 핫케이크는 노란색이에요. 　　　가루랑 핫케이크 모두 맛있는 냄새가 나요. 교사 : 우리가 요리할 수 있는 가루에는 또 무엇이 있을까?
평 가	핫케이크는 가루로 만든 음식으로서 특유의 향이 있어 유아들의 후각을 자극하기에 좋은 음식이다. 유아들은 핫케이크 가루와 밀가루를 비교해 보기도 했으며 우유와 달걀을 넣어 가루가 어떻게 변하는지도 살펴보았다. 또한 가루에 다양한 물질을 혼합했을 때 어떻게 변하는지와 가루에 열을 가했을 때의 변화를 발견할 수 있었다. 이 활동에서는 유아들이 거품기를 직접 사용해 볼 수 있도록 넉넉한 크기의 그릇과 계량컵을 준비할 필요가 있으며 유아들이 완성된 핫케이크를 먹을 때 핫케이크 가루를 다시 살펴볼 수 있도록 하는 것도 좋으리라 본다.

5) 교육활동안 : 활동의 예 5

활동명	소금 그림 그리기	대상 연령	만 3세
		활동 영역	조형

교육 목표	• 소금의 종류에 대해 알아보고 소금의 특성을 이해할 수 있다. • 다양한 가루의 촉감을 비교해 볼 수 있다.

활동 자료	굵은 소금, 고운 소금, 수채화 물감, 붓, 도화지, 돋보기, 앞치마, 여러 가지 자연물

활동 내용	1. 소금에 대한 경험을 나눈다 　교사 : 소금은 언제 필요할까? 　유아 : 맛있는 국을 끓일 때 필요해요. 　　　　소금은 짜요. 많이 먹으면 입이 아파요. 　교사 : 소금을 어떻게 변화시킬 수 있을까? 　유아 : 물을 넣으면 소금이 변할 것 같아요. 　　　　소금을 뜨겁게 하면 톡톡 튀어요. 2. 오감을 활용하여 자유롭게 소금을 탐색한다 　교사 : 소금의 맛, 냄새, 향이 어떠니? 　　　　설탕을 만져 본 느낌이 어떠니? 　유아 : 소금에서 바다 냄새가 나요. 　　　　까끌까끌하고 아주 짜요. 　　　　소금을 오랫동안 보면 눈이 아파요. 　교사 : 두 소금을 비교해 보자. 　유아 : 이건 크고, 이건 작아요. 　　　　소금을 만졌는데 이건 부드럽고, 이건 까끌까끌해요. 　　　　이건(굵은 소금) 콕콕 찌르고 이건(고운 소금) 까칠해요. 　　　　모두 흰색이어서 빙수 얼음 같아요. 　　　　이것도 짜고, 저것도 짜요. 그런데 이것(굵은 소금)이 더 많이 짠 것 같아요. 　　　　둘 다 소금에서 바다 냄새가 나요. 　　　　맛도 소금 맛이에요.

3. 내가 좋아하는 동화 속 친구를 그리고 수채화 물감으로 색칠한 다음 물감이 마르기 전에 다양한 소금들을 그림 위에 뿌린다

    교사 : 소금을 뿌리니 그림이 어떻게 변했니?

          소금은 그림 위에서 어떻게 되었니?

          소금을 뿌린 그림은 원래 그림과 어떻게 다르니?

    유아 : 소금이 알록달록해요!

          공주님이 울퉁불퉁한 옷을 입었어요.

          소금이랑 그림이랑 딱 붙었어요.

          색깔이 변했어요.

    유아 : 물감이 소금을 먹었어요.

          하얀색이었는데 소금하고 물감하고 합해졌어요.

    교사 : 물감하고 소금하고 서로 합쳐져서 소금의 색이 변했구나. 또 소금의 모양은 어떻게 변했니?

    유아 : 모양은 그대로예요.

          네, 네모예요.

          만져 보니까 소금이 축축해졌어요.

          자꾸 두드리면 소금 색이 변해요.

4. 활동이 끝난 후 느낀 점을 이야기 나눈다

    교사 : 두 소금을 활용하여 그림을 그려 보니 어떠니?

          또 어떤 가루로 그림을 그릴 수 있을까?

활동 내용

평 가

자신이 좋아하는 동화 속 친구들을 물감으로 색칠한 후 물감이 마르기 전에 소금을 뿌리는 놀이였는데, 먼저 굵은 소금과 고운 소금을 오감을 활용하여 탐색했다. 시간이 흐르면서 물감과 소금이 섞여 소금의 색이 변하는 것을 발견한 유아들은 자극이 있을 때 소금이 물감을 흡수하는 속도가 빨라진다는 사실도 알게 되었다. 소금 그림의 변화에 대한 유아들의 관심은 꽤 높았으며 소금으로 인해 색이 변화하고 그림이 입체적으로 변하게 되었음을 느낄 수 있었다.

6) 교육활동안 : 활동의 예 6

활동명	경단 만들기	대상 연령	만 3세
		활동 영역	요리

교육 목표	• 요리 순서대로 재료를 알맞게 활용할 수 있다. • 가루마다 독특한 향을 가지고 있음을 알 수 있다.
활동 자료	찹쌀 가루, 콩가루, 딸기 가루, 초코 가루, 카스텔라 빵, 투명 냄비, 반죽기, 접시, 포크, 가스레인지
활동 내용	1. 먹을 수 있는 가루에 대한 이야기를 나눈다 　교사 : 우리 주변에서 먹을 수 있는 가루에 대해 알아보자. 　유아 : 소금, 설탕, 고춧가루! 　　　　밀가루도 먹을 수 있어요. 　　　　핫케이크 가루도 맛있게 요리할 수 있어요. 　교사 : 오늘은 찹쌀 가루를 활용하여 우리의 전통음식인 경단을 만들어 보자. 2. 경단을 만들기 위한 재료 및 순서를 함께 살펴본다 　교사 : 경단을 만들기 위한 준비물을 어떤 것이 있을까? 　　　　찹쌀에 따뜻한 물을 넣어 천천히 반죽을 해 보자. 　유아 : 찹쌀 가루가 점점 진흙처럼 변했어요. 　　　　가루가 점점 물컹물컹하게 변해요. 　교사 : 경단에 묻힐 가루들에 대해 알아보자. 　유아 : 빵을 부수면 빵가루가 되요. 　　　　빵가루에서 맛있는 냄새가 나요. 　　　　초코 가루에 경단을 문혀도 맛있을 것 같아요. 　　　　딸기맛 경단도 만들고 싶어요. 　　　　손을 이렇게 하면 동그란 떡을 만들 수 있어요. 　교사 : 재료들이 다 만들어졌으면 이제 반죽을 냄비에 넣어 보자. 3. 순서대로 요리를 완성하고 경단을 나누어 먹는다 　교사 : 요리 순서대로 경단을 만들어 보자. 　　　　끓는 물 속에서 반죽이 어떻게 변했니?

유아 : 동글동글한 경단이 익으면 물 위쪽으로 올라와요.

교사 : 왜 경단이 냄비 속에서 올라왔을까?

유아 : 냄비 바닥이 너무 뜨거워서 떡들이 움직인 거예요.

모두 떡으로 다 변해서 빨리 먹으라고 위로 올라오는 것 같아요.

냄비 속에 가라앉으면 잘 먹을 수가 없으니까요.

교사 : 다양한 고물을 묻혀 경단을 먹어 보자. 맛이 어떻게 다르니?

찹쌀 가루 반죽을 동그랗게 뭉쳐 보기도 하고 또 빵을 잘게 부수어 가루로 만들어 보았는데 어떤 것이 더 만들기 쉬웠니?

유아 : 빵가루 만들기요!

쌀가루 반죽하기가 더 쉬웠지만 둘 다 재미있어요.

활동 내용

4. 활동이 끝난 후 느낀 점을 이야기 나눈다

교사 : 경단을 직접 만들어 보니 어떠니?

경단과 찹쌀 가루의 맛은 어떠한 차이가 있었니?

찹쌀 가루와 다른 흰 가루들을 어떻게 구분할 수 있을까?

평 가

찹쌀 가루에 따뜻한 물을 넣어 점차 단단하게 굳어진 반죽을 손으로 동그랗게 빚어 경단을 만든 유아들은 밀가루 반죽의 질감과 변화성을 알 수 있었다. 끓는 물에 넣었던 반죽이 익으면서 냄비 위쪽으로 동동 뜨는 모습을 본 유아들은 신기했으며 미리 빵을 잘게 부수어 만들어 놓은 빵가루에 경단옷을 입혀 보았다.

빵가루 외에 딸기 가루, 초코 가루 등 다른 가루옷을 입은 경단을 서로 맛있게 나누어 먹으면서 떡의 색과 맛을 비교해 보았다. 경단 만들기를 통해 유아들은 찹쌀 가루를 뭉쳐 하나의 덩어리인 떡을 만들어 봄과 동시에 큰 빵을 부수어 작은 빵가루를 만들어 볼 수 있었다. 반대적인 두 활동을 통해 유아들은 가루의 특성을 보다 구체적으로 이해할 수 있었으리라 본다.

7) 교육활동안 : 활동의 예 7

활동명	나만의 주스 만들기	대상 연령	만 3세
		활동 영역	요리 · 과학

교육 목표	• 요리 순서대로 재료를 알맞게 활용할 수 있다. • 가루마다 독특한 향을 가지고 있음을 알 수 있다.

활동 자료	여러 가지 주스 가루, 생수, 스푼, 컵

활동 내용	1. 내가 좋아하는 주스에 대해 이야기 나눈다 　　교사 : 제일 좋아하는 주스는 무엇이니? 　　　　　주스는 어떻게 만들까? 　　유아 : 딸기랑 우유를 믹서에 넣으면 딸기 주스가 되요. 　　　　　바나나 주스도 맛있어요. 　　　　　네스퀵(초코 가루)을 물에 넣으면 코코아를 만들 수 있어요. 2. 주스를 만들기 위한 재료 및 순서를 함께 살펴보고 내가 만들 주스를 정한다 　　교사 : 주스를 만들기 위한 준비물은 어떤 것이 있을까? 　　　　　순서대로 주스를 만들어 보자. 내가 만들고 싶은 주스는 무엇이니? 　　유아 : 내가 좋아하는 가루들을 골고루 섞어요. 　　　　　가루들이 섞여서 색이 변해요. 　　　　　섞은 가루에 물을 부으면 더 맛있어질 것 같아요. 　　교사 : 내가 만들 주스에 넣을 가루를 결정하고 어떤 맛일지 예측해 보자. 　　유아 : 어떤 주스가 될지 궁금해요. 　　　　　딸기 가루랑 초코 가루를 섞으면 더 달콤한 주스가 될 거에요. 　　　　　가루를 많이 넣으면 이상한 맛이 날 것 같아요. 　　　　　친구들이 만든 주스도 먹어 보고 싶어요. 　　　　　가루들을 섞으니까 재미있어요. 가루 냄새가 달라졌어요. 　　　　　주스 색이랑 가루 색이랑 달라질 것 같아요. 3. 나만의 주스를 완성하고 함께 나누어 마신다 　　교사 : 어떤 주스가 만들어졌니? 주스를 한번 마셔 보자.

유아 : 가루를 많이 넣으면 주스의 색이 더 진해져요.

주스는 가루 색과 달라요.

물을 넣었더니 가루의 색과 맛이 변했어요.

물을 많이 넣으면 주스가 맛이 없어요.

주스 종류 • 새콤달콤 주스 : 오렌지 맛이 나는 주스예요.

• 백설공주 주스 : 딸기 맛이랑 레몬 맛이랑 나서 맛있어요.

• 사랑의 주스 : 복숭아 가루랑 딸기 가루를 넣었어요. 달콤
한 맛이 나는 주스예요.

• 노란 주스 : 레몬 맛이 났어요. 달콤해요.

• 무지개 주스 : 딸기 맛, 자두 맛, 멜론 맛이 나는 주스예요.

• 마법사 주스 : 초코 맛이랑 딸기 맛이랑 바나나 맛이 나요.

활동 내용

4. 활동이 끝난 후 느낀 점을 이야기 나눈다

교사 : 주스를 직접 만들어 보니 어떠니?

어떤 주스가 제일 인기가 좋았니? 또 어떤 맛 주스를 만들 수 있을까?

평 가

유아들은 먹을 수 있는 가루 중 내가 좋아하는 가루를 골라 나만의 주스를 만들
어 보았다. 레몬과 복숭아 가루를 넣어 만든 '달콤 주스', 초코와 딸기 가루를
넣어 만든 '초딸 주스' 등 유아들은 자신이 고른 가루로 주스를 만들어 이름을
지어 보고, 함께 주스를 나누어 마셨다. 친구들의 주스를 함께 살펴보면서 가루
가 물과 섞인 후 색과 향, 맛이 어떻게 달라졌는지 오감으로 비교해 볼 수 있었
다. 주스를 만들고 마셔 보면서 유아들은 보다 구체적으로 가루의 혼합 상태를
경험해 볼 수 있었으며, 가루의 종류와 양, 물의 양과 온도가 주스의 맛과 향을
다르게 만들 수 있다는 사실도 함께 알 수 있는 시간이었다.

8) 교육활동안 : 활동의 예 8

활동명	가루 공 만들기	대상 연령	만 3세
		활동 영역	조형

교육 목표	• 가루마다 독특한 색과 향을 가지고 있음을 알 수 있다. • 가루끼리 섞이는 현상을 이해할 수 있다.

활동 자료	여러 가지 가루, 흰 스티로폼 공, 무독성 접착제, 넓은 비닐, 바구니, 캔버스 천, 검은색 도화지

활동 내용	1. 내가 알고 있는 가루의 특성에 대해 이야기 나눈다 　교사 : 가루는 어떤 특징을 가지고 있니? 　유아 : 알갱이가 작아서 물을 만나면 없어질 수 있어요. 　　　　가루는 가벼워요. 　　　　먹을 수 있는 가루가 있어요. 　　　　아무 가루나 먹을 수 없어요. 　교사 : 다양한 가루들을 가지고 어떤 놀이를 해볼 수 있을까? 　유아 : 가루들을 하늘로 뿌려요. 　　　　가루들을 섞어서 주스로 만들어요. 　　　　가루가 많이 있으면 그림도 그릴 수 있어요. 2. 가루 공을 만들기 위한 재료 및 순서를 함께 살펴본다 　교사 : 가루공을 만들기 위한 준비물은 어떤 것이 있을까? 　　　　흰 공에 가루 옷을 입혀 가루 공을 만들어 보자. 　　　　어떤 가루들이 있니? 내가 알고 있는 가루가 있니? 　유아 : 내가 좋아하는 초코 가루도 있어요. 　　　　가루들이 많아요. 3. 여러 종류의 가루 위에 공을 굴려 가루옷을 입힌다 　교사 : 어떤 공이 만들어졌니? 　유아 : 빨간 공을 만들었어요. 　　　　무지개색 공을 만들었어요. 　　　　처음에는 녹색이었는데 점점 검게 변했어요.

교사 : 처음에는 하얗던 공이 어떻게 변했니?

유아 : 공이 주황색이었다가 다시 빨간색으로 변했어요.

　　　공이 지나가면 가루 길이 생겨요!

　　　여러 가지 가루들이 공에 묻어 알록달록한 공이 되었어요.

교사 : 가루들이 왜 이렇게 잘 붙을까?

유아 : 가루들이 아주 많아서요.

　　　공에 풀이 묻어 있으니까요.

　　　가루들은 작으니까 서로 붙어요.

　　　가루들은 잘 섞여요.

활동 내용

4. 활동이 끝난 후 느낀 점을 이야기 나눈다

교사 : 가루들을 직접 섞어 보니 어떠니?

　　　가루공을 어떻게 사용할까?

　　　또 어떤 가루에 공을 굴릴 수 있을까?

평 가

유아들은 여러 가지 가루가 뿌려진 비닐 위에 접착제를 묻힌 흰 스티로폼 공을 굴려 보았다. 비닐을 들어 마음대로 공을 굴려 본 유아들은 하얗던 스펀지 공이 점차 색깔이 있는 공으로 변해 가는 과정을 관찰하면서 보다 다양한 가루를 묻히기 위해 열심히 공을 굴렸다. 유아들은 자신이 만든 가루 공을 자랑스럽게 소개하였으며 공들을 붙여 작품을 만들었다.

이 활동을 통해 유아들은 가루의 작은 알갱이를 보다 구체적으로 탐색할 수 있었으며 가루들이 지니고 있는 독특한 색과 향도 경험해 볼 수 있었다. 가루들이 떨어질 수 있기 때문에 실외에서 활동을 진행하는 것이 바람직하며 공을 굴리기 전에 충분한 가루 탐색이 이루어져야 한다.

9) 교육활동안 : 활동의 예 9

활동명	가루 블록 만들기	대상 연령	만 3세
		활동 영역	쌓기

교육 목표	• 가루마다 독특한 색과 향을 가지고 있음을 알 수 있다. • 가루끼리 섞이는 현상을 이해할 수 있다.

활동 자료	여러 가지 가루, 다양한 크기의 투명 아크릴 통, OHP 필름으로 만든 깔때기, 청소용 솔

활동 내용	1. 가루로 할 수 있는 놀이를 찾아본다 교사 : 가루로 어떤 놀이를 해볼 수 있을까? 유아 : 주스를 만들 수 있어요. 　　　약국 놀이를 할 수 있어요. 　　　가루들을 통에 넣을 수 있어요. 2. 가루 블록의 재료들을 살펴보고, 가루 블록을 만든다 교사 : 가루 블록을 만들기 위한 준비물은 어떤 것이 있을까? 　　　어떤 가루들이 있니? 어떤 블록이 만들어질까? 유아 : 내가 좋아하는 가루들을 골고루 섞어요. 　　　여러 가지 곡물과 가루로 블록을 만들었어요. 교사 : 우리가 만든 깔때기를 활용해 보자. 유아 : 깔때기로 가루들을 쉽게 넣을 수 있어요. 　　　작은 블록에는 큰 깔때기를 쓸 수 없어요. 바닥으로 모두 떨어져요. 　　　구멍이 큰 깔때기로 넣으면 많은 가루들을 넣을 수 있어요. 　　　가루들이 섞여서 색이 알록달록하게 변해요. 　　　블록에서 재미있는 소리가 나요. 3. 여러 종류의 가루를 활용하여 가루 블록을 만든다 교사 : 어떤 블록이 만들어졌니? 유아 : 가루들을 흔들면 재미있는 소리가 나요. 　　　가루들이 부딪혀 흰 가루가 생겼어요.

블록의 색깔이 바뀌었어요.

다시 블록을 이렇게 세울 수 있어요.

뾰족한 블록을 눕히면 세모가 되요.

블록 이름　• 콩 블록 : 초록 가루랑 콩이랑 막 움직여요.

　　　　　• 미끄럼 블록 : 흔들면 흐르륵 흐르륵 소리가 나요.

　　　　　• 시장 블록 : 흔들었더니 시끄러운 소리가 나요.

　　　　　• 메롱이 블록 : 흔들었더니 괴물 소리가 났어요.

활동 내용

4. 활동이 끝난 후 느낀 점을 이야기 나눈다

　교사 : 가루들을 직접 섞어 보니 어떠니?

　　　　가루 블록을 어떻게 사용할까?

　　　　가루를 활용하여 할 수 있는 놀이에는 어떤 것들이 있을까?

평 가

투명한 아크릴 블록 통에 여러 가지를 가루를 넣어 블록을 만들어 보았다. 유아들은 직접 쌓기 놀이에 사용할 블록을 만든다는 사실에 큰 흥미를 보였으며 여러 가지 가루를 깔때기를 활용하여 직접 통에 담았다. 가루 블록을 만들면서 OHP 필름으로 직접 만든 깔때기의 구멍이 클수록 더 많은 가루들을 담을 수 있다는 사실과 아크릴 블록의 입구가 깔때기보다 더 넓어야 한다는 것을 알 수 있었다.

　펼쳐 있는 가루의 모습에 익숙했던 유아들은 길게 쌓여진 가루들을 보고 즐거워했으며, 가루의 색이나 모양에 따라 블록의 형태가 변하게 된 것에도 큰 흥미를 보였다. 또한 가루들이 투명 아크릴 통 속에 들어가며 나는 소리와 가루의 특성에 따라 다양하게 섞이는 가루를 경험해 볼 수 있었으며 완성된 가루 블록을 활용하여 새로운 형태의 구조물을 만들기도 했다.

참고문헌

김민수(1998). 음식 만들기. 집문당.

류미영(2002). 통합적 요리활동이 유아의 창의성 및 문제 해결력에 미치는 영향. 계명대학교 석사학위논문.

배다남(2006). 미술표현활동에 있어서 공통 감각적 조형놀이 지도에 관한 연구. 부산교육대학교 석사학위논문.

오혜경(2004). 가루 물질의 용해 · 가열에 대한 초등학생의 사고. 광주교육대학교 석사학위논문.

이용미(2006). 요리로 만나는 과학 교과서. 도서출판 부키.

정연희(2004). 구성주의 이론에 기초한 요리활동을 통한 유아과학교육. 정민사.

조경자(2003). 유아 건강교육. 학지사.

홍성희(2005). 아동미술교육을 위한 우연적 표현기법 연구. 성신여자대학교 석사학위논문.

연구진

최석란
University of Illinois at Urbana-Champaign, 유아교육전공(철학박사)
서울여자대학교 인간개발학부 아동학 전공 교수
서울여자대학교 부속유치원 원장

이현옥
서울여자대학교 대학원 유아교육전공(박사수료)
서울여자대학교 부속유치원 원감
서울여자대학교 아동학과 강사

손지현
서울여자대학교 부속유치원 주임교사

손여민
서울여자대학교 부속유치원 교사

정은주
서울여자대학교 부속유치원 교사

남상지
서울여자대학교 부속유치원 교사

김소리
서울여자대학교 부속유치원 교사

교육활동 프로그램 03

신나는 가루 놀이

2008년 9월 25일 초판 인쇄
2008년 9월 30일 초판 발행

지은이 서울여자대학교 부속유치원
펴낸이 류제동
펴낸곳 (주)교문사

책임편집 김수진
본문디자인 아트미디어
표지디자인 반미현
제작 김선형
영업 김재광 · 정용섭 · 송기윤

출력 아트미디어
인쇄 동화인쇄
제본 대영제책사

우편번호 413-756
주소 경기도 파주시 교하읍 문발리 출판문화정보산업단지 536-2
전화 031-955-6111(代)
FAX 031-955-0955
등록 1960. 10. 28. 제406-2006-000035호

홈페이지 www.kyomunsa.co.kr
E-mail webmaster@kyomunsa.co.kr
ISBN 978-89-363-0933-6 (93370)
ISBN 978-89-363-0930-5 (93370) (전 5권)

값 12,000원